孩子能否成为精英，

有很大一部分是受父母影响的。

有远见的父母不仅要抚养孩子，更要培养孩子。

父母能给孩子最好的东西，

不是优越的物质，而是充分的陪伴。

海马爸爸教你的34堂必修课

童童和琪琪两家是邻居，

从外观来看，

两家没什么区别，

但进到房间里，

就完全是两个样子了。

童童家里：

妈妈正陪着童童一起拼拼图，墙上的值日表特别醒目，可以清楚地看到上面画的"√"和"×"。

琪琪家里：

房间乱成一团，琪琪正趴在床上玩 iPad，零食铺在床上，书包、课本散落一地，妈妈数落了琪琪两句，可琪琪没听见似的，妈妈只好自己动手收拾起来。

琪琪妈妈到童童家做客，

看见童童自己在收拾房间，

很是羡慕，再想想琪琪，

都让自己给惯坏了，

现在跟她说话都爱答不理的。

琪琪妈妈很好奇童童妈妈的教育秘诀，

便向她请教。

童童妈妈说，

自己以前也不会带孩子，

对儿子要求特别严格，

有一次童童考试得了 70 分，

妈妈大发雷霆，事后才知道是试题超纲了。

那个时候，童童也不太爱说话，

母子关系紧张。

童童妈妈带着琪琪妈妈

一起去听了海马爸爸的讲座，

童童妈妈说自己也是受到海马爸爸的启发，

慢慢调整心态，

相信孩子，

亲近孩子，

逐渐找到了和儿子的相处之道。

在海马爸爸的建议下，

琪琪妈妈开始给琪琪立规矩。

妈妈和琪琪约定，

各自写一份"我理想中的妈妈（女儿）"，

贴在客厅，以后就按照对方的标准来，

看谁先成为完美妈妈（女儿）。

随着所列条目一条一条地实现，

妈妈越来越了解琪琪的喜好，

琪琪越来越喜欢和妈妈待在一起，

而不是去玩 iPad，

这不，

琪琪正和妈妈学包饺子呢。

海马爸爸金典教育 03

培养孩子

成为精英的

34 堂 必 修 课

—— 你的孩子远比你看到的更加优秀 ——

海马爸爸任二林　著

中国铁道出版社
CHINA RAILWAY PUBLISHING HOUSE

精英男孩
勇敢抗压成就男子汉
雄鹰计划

海马爸爸说：

男孩就应该像鹰一样翱翔在天地间，而不是做一朵躲在温室里的花朵，畏惧着外面的冷空气。我要打造的是一批有理想、有目标、有付出、有担当的男子汉，他们十年之后将是这个世界的主宰。

"雄鹰计划"意在培养男孩如雄鹰一般的品质、气质和意志。这将有利于锻炼孩子的生活能力，塑造他们的勇敢品性，增强他们的自信心，长大了能做一个真正敢于挑战、面对和担当的男子汉。

8 天的磨合拉练，面对自然生存环境的考验，面对相互间的摩擦与矛盾，海马爸爸会将感情注入每一个孩子的血液里，带领他们学会生存、自理、自立以及宽容、谅解与合作，相互间形成铁哥儿们般的感情。相信这些孩子们将一生相互伴随支持，勇敢地向着他们的精彩人生前进。

第一阶段：生存与挑战

此阶段的主要任务是加强孩子的纪律性，组织、执行和生存能力，塑造优秀的个人品质与人格。

主要表现有，通过野外生存、危险求生、自制手工、草原行军、森林探险等多种技能的锻炼，激发男孩的潜能，克服恐惧及思想障碍，增强抗挫折和抗压能力，培养自信心和自我管束能力，完善人格。

针对现在部分青少年难融社会、心理脆弱、性格孤僻等问题，海马爸爸与他们一起，实施快乐成长理念，打造青少年身心突破拓展训练，使他们更了解社会生活，学会沟通，学会感恩，学习建立积极的人际关系。

第二阶段：突破与协作

此阶段的主要任务是打造更好的精气神，提高男孩的抗压能力，学做更好的自己。

主要表现有，海马爸爸会根据当年带儿子走长城的经验和教训，在第一阶段身体力行的技能锻炼之后，为这些孩子做一个全面的评估。对于在第一阶段表现不佳的孩子，有计划地进行针对性的教导，如耐心的磨练，忍耐力的培养，做事有始有终完成既定计划的行为习惯训练，最终目的是让这些小伙子有面对困难不退缩的精气神，经得起挫折，扛得住压力。

这一阶段的学习，意在提高男孩的自信心，使他们学会相互合作、接纳、支持和信任的团队精神建设，引导他们发现自己在团队中的价值和责任，培养与人沟通的能力，感受分享带来的无穷乐趣。

第三阶段：与巨人同行

这是海马爸爸为参加过前两个阶段训练的小雄鹰们准备的最高级精英教育课程。海马爸爸邀请教育专家、社会名流、文化界精英和这些孩子们近距离接触，言传身教，一起挑战更高端的活动，在活动中互相了解结交朋友，给孩子们一个社会认知，为他们以后走向社会奠定坚实的基础。

"雄鹰计划"的精神是战无不胜。我们的 12 字箴言是：勇于担当，不辱使命，与生共荣！这便是海马爸爸立志终生打造上百万名祖国栋梁之才的精英计划。

海马爸爸
课程服务号

精英女孩
气质与涵养来自修炼

女孩计划

"富养"的女孩见多识广、独立、有主见、有技能、有智慧，到了青春期时，她们有自理自立能力，不易被社会上的各种繁华和虚荣所诱惑。另外，她们善解人意，温柔体贴，情商高，相信经过培训之后可蜕变为一名优雅的淑女，更不失为才女。

海马爸爸夏令营的"女孩计划"，其真正内涵是培养贵族女孩气质、品质、涵养，自理、持家、理财等能力与智慧，内外兼修，德才兼备。

课程核心：心身养德，灵性康安。

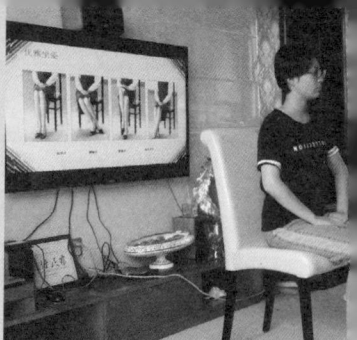

海马爸爸
课程服务号

琴棋书画修"心"

欣赏、实操。陶冶情操,培养兴趣,为艺术人生和美丽生活种下艺术学习兴趣的种子。

梳妆打扮修"身"

美身、美心、美型,妆容造型、穿衣色彩与风格、服饰搭配、衣橱整理与实践,体悟美的内涵与生活习惯养成。

理财厨艺修"养"

理财持家,精打细算,从每天生活消费到财务管理技能。厨房美食,自己动手,每天膳食安排操作计划管理等技能。

知书达礼修"德"

读书、讲书、听书与线上窗口平台结合,融会贯通,良好认知的引导。礼仪修行,内外兼修。

巧手创意修"灵"

日式插花、标本制作、DIY 自制手串、头饰等饰品,手机照片编辑等线上制作,创意培养,精心塑造。

禅坐静思修"性"

修女性,养禅心。善思考,不盲从,出智慧。在浮躁的社会中找寻内心的一片宁静,遇见更好的自己,达成高贵的品行。

强身健体修"康"

瑜伽课程贯穿课程每一天,与天地灵修,养自身精气。健康生活,美丽身心。

洁身防卫修"安"

青春期生理卫生、心理卫生、德行认知;防卫思想认识、防卫工具使用以及暴力预防与方法、家庭医护救助,女生要掌握自我安全的技能。

书写人生

　　就在这本书截稿之际，我回东北老家串门。老家在一座小城市。小时候我生活在山区，一直向往大城市的生活，那里灯火辉煌，时尚前卫。如今老家大变样了，大表姐家的孙子都长大到了我小时候的那个年龄。

　　正值暑假，孩子的父母忙于工作，长期把孩子留在奶奶家看护。外面下着大雨，孩子跑出去趟水玩耍，没多大工夫就跑回来了，不大一会儿又说我出去再玩会儿。我感觉到孩子很寂寞孤单，顺便问了一句：为什么不能多玩会儿呢？他说奶奶不让。是的，一般隔代父母看护孩子，尤其是城市，又是下雨天，爷爷奶奶担心孩子安全还怕着凉，是不会让他出去独自玩的，再加上爷爷奶奶年近六十又没有太多精力陪护孩子，只好把孩子死死地拴在家里。我对这孩子甚是同情又理解，我说带你去吃汉堡包吧。孩子连忙说我不去，我不吃。我想这大概就是家长平时管教很严导致的，就说："我饿了，又不知道哪里有，你带我去好吗？"孩子说："真的吗？"我说："嗯。"孩子快速地穿上他刚刚脱下的小雨衣，还给我找了一把伞，搂着我的手冲出楼门闯进大雨中，他不停地跺着脚激起水花，还拐着弯趟水深的地方，玩得很过瘾。我们一大一小在急匆匆的行人缝隙里穿行，在狭窄的胡同里拐了几个弯，最后通过一段昏暗的地下通道，来到地上左拐便是一家麦当劳。

叫餐后，我悄悄观察着孩子的吃相，他咬了两口汉堡就推到了一边说不好吃，吸了一口奶茶说像汤药，鸡腿倒是吃得很香，还学会了蘸着酱吃，嘴里食物还没嚼完，就急着卷裤脚说回家吧，我笑了笑对他说："吃饱了？那就把桌面收拾一下吧！"孩子迟疑了一下，也没有反驳，小手利索地收拾起来，把桌面擦得非常干净，还把地上的碎屑也捡了。我又跟他说："吃剩下的打包带回家好吗？"他立即跑到吧台要了纸袋，还非常仔细地按大小顺序把食物打包。收拾完，孩子主动把盛垃圾的托盘端到吧台。服务生无不惊讶地看着我们，也许从来没有人这样做过，纷纷夸孩子懂事、有教养。孩子显得很开心，看到外面雨越下越大，询问我能不能打车回去。我说："来的时候钻地下通道时我们走错了路，要不要再试一次看你回去能不能走对方向？""能！"孩子信心满满，领着我一路顺畅到家。

孩子的外在素养不仅仅是华丽的包装，更在于内在素质的支撑，更多行为上的举止来自于微小习惯的养成，日积月累便成为了一种品质，一种人格。

我经常给孩子们讲一个故事：17 世纪美国有一个富翁叫福勒，在他很小的时候母亲就时常告诉他，我们不应该这么穷，不要说贫穷是上帝的旨意，我们也不能怨天尤人，贫穷是因为你爸爸从未有过改变的欲望，因为家族中每一个人都胸无大志。这些话深深刺痛着福勒的心，他每天都想着母亲说过的话，他要改变家族的命运。他勤奋学习，不断寻找着成功的方法，最终，他找到了。后来福勒在多次受邀演讲中说道："虽然我不能成为贵族的后代，但我可以成为贵族的祖先。"是的，你的家族是否赐予你荣耀并不重要，重要的是你能否为家族赢得荣耀，你是否有不甘于现状的雄心抱负，你是否有成为精英的强烈欲望！

我并非出身豪贵之家，但是我想把我的孩子培养成为精英，所以在儿子十岁的时候，我带着他踏上了祖国的万里长城。我们走在长城的每一步、翻过的每一座高山、趟过的每一条河流、经过的每一个村庄、看到的每一次日出，都在往他小小的身体里不断地注入能量，蓄势待发。儿子十二岁时写徒步长城日志并出版图书，十七岁时被选为北京奥运火炬手，十九岁时被美国一所学校奖学金录取，二十五岁时担任公司 CEO，这一份份荣耀接踵而来，实至名归。

我提出精英教育，并不是说投入大量的资本去维持一个外在的表象，而是提升孩子内在的修养，与物质无关。远足、博闻、高瞻远瞩；即使生活贫苦依然过得精致讲究：家里一定要有一张书桌和一个书柜，书柜里的书已经泛黄但仍纤尘不染，书桌上一定要摊开一本正在读的书和一支随时写字的笔；即便生活优越也要有自理能力，从小就要有见识和经历；风度翩翩，气度不凡；有过必改，言出必践；泰山崩于前而面不改色，永远有东山再起的信心和勇气。

每个人的人生都是一本待完成的书，外表是父母给的，内容却是自己写的。你想让孩子写一本什么样的书呢？在这里，我想教你帮助孩子写一本与人生共进的有尊严、有格调、有辉煌的经典畅销书。

海马爸爸于北京

2017 年 9 月

目录
MULU

目录
MULU

PART ❸
塑造孩子的精神气质

在过去，贵族一直是作为一个阶层而存在，人们一边痛恨着他的奢侈，一边向往着他视荣誉高于生命的人格。今天，我们倡导"精英教育"，正是要取其精华，学习他们的"贵族精神"，即文化的教养、社会的担当、自由的灵魂，三者缺一不可。

PART ❹
善良是一种修养

亚马逊创始人杰夫·贝佐斯说过："聪明是一种天赋，而善良是一种选择。"不同的选择决定我们成为不同的人，是土狼还是狮子王？孩子最初是通过父母了解这个世界的，如果你放在他眼前的是鲜花，那么他看到的也会是美好。

目录
MULU

PART ❺

情商决定人气

学校教育重在增长孩子的知识，提高智商，如此一来，发展情商的任务就更多地落在了家庭教育上。家长的目光不应停留在孩子的分数上，助长应试教育，而应该在他的能力上，他需要更多的经历。

PART ❻

精英也要接地气

家长们习惯将孩子的任务分为"学习"和"其他"。看到孩子在学习，家长很高兴；看到孩子在做其他，家长就开始担心了，这就造成孩子"高分低能"。精英教育不是好高骛远，我们既要培养孩子出众的才能，同时也不能让孩子离生活太远。

目录

MULU

PART ❼
....
爱在左，管教在右

　　父母之于子女，首先是抚养，其次才是教育。家庭教育从来不是父母单向输出，而是双向互动，所以你爱孩子，就要让他感受到，花时间更要花心思陪伴孩子成长；管教孩子，就要让他信服，跟孩子讲道理而不是讲权威。

图片摄影：刘剑锋　林岩松　王　旭　赵紫睿　刘一诺

编　　委：殷向华　任自耕　刘　璇　马微微　洪　荻

　　　　　谢立梅　陈　华　王　健　张晓乐　穆国明

参与培训讲师：任柏霖　钟雪莲　侯宝田　刘建波

PART ①

让家教成为一种
精神陪伴

"穷养儿富养女"一直被传统的中式教育视为"金科玉律",然而这种做法既不现实,也不科学,家庭教育从来就不是一个物质上的概念,而是精神上的引导和陪伴。教养孩子,是物质上不去苛求,精神上多多益善,富其眼界,穷其意志。

第01课
你的教育观念要更新了

┃ 家教故事 ┃

　　两个家庭，父母是多年好友，恰好一家是男孩，一家是女孩。他们像众多家长一样，坚信穷养男孩富养女孩的"教育真理"。他们的教育看起来很成功，男孩被教育成了有担当的小男子汉，女孩被教育成了活泼可爱的小公主，旁人看了都羡慕不已，两家人还开玩笑说要给孩子定娃娃亲。

　　一次心血来潮，两家人相约一起去三亚度假。行程、酒店由男孩妈妈负责安排，综合考虑之后，她决定住四晚家庭旅馆、两晚豪华酒店，这个决定也得到了女孩妈妈的支持。

　　但女孩看到家庭旅馆的房间之后，一脸不满地说："我们怎么住这里呀？这里没有服务生，没有游泳池，也没有早餐……"男孩替老妈打抱不平，私下里告诉妈妈，要不是初次见面，他早就让女孩子自己去找酒店了。

这只是开始，两个孩子相处得越久也暴露出越来越多的问题：每去一个地方，男孩都想坐公交车，可女孩就要打车；男孩想去吃海鲜大排档，可女孩就觉得不卫生……看到美丽的海景，女孩子会发出"想要盖幢房子"的感叹，男孩却在一旁笑她太矫情。

幸好两家大人心态还好，认为孩子之间怄怄气是正常的。A教育儿子说，你是哥哥，要让着妹妹，尽量听从她的意见。男孩还算听话，即使心里有意见，行为上还是选择了尊重妹妹。

度假的最后一天，两个孩子发生了口角。

景点附近有个超大的土特产专营店，男孩一家想顺便买点特产带回杭州。已经逛累的女孩子明显不想去，她说："拎着这么些东西回酒店累不累啊？去机场买更方便啊！"男孩有些不服气，说买不买是我们的事情，你有钱就去机场买！

无趣之下，女孩子认真又天真地说："你这样吝啬钱，小心以后找不到老婆哦！"

男孩没好气地回了一句："你这样的娇

名人堂

初期教育应是一种娱乐，这样才更容易发现一个人天生的爱好。

——柏拉图

子女之教育，一般人常有谬误：对女儿之教育专注其身体，忽略其精神；而对儿子则忙于修饰其精神，而忽略其身体。

——休谟

我们终其一生，也许不会积累太多的财产，也没有什么名望，但每一个父母都通过生活积累了一些好的经验和品质。把这一点点给孩子吧，他们会用新的生命去放大，发出光芒。

——斯宾塞

气鬼，才没男人会娶你！"

　　看到这里，你还觉得"穷养儿富养女"的传统教育理念是正确的吗？**当穷养长大的男孩遇到富养长大的女孩，只有格格不入，我们不禁要反思：孩子到底该怎么养？**

| 亲子放大镜 |

　　4 岁的豪豪，内向胆小，见人从不打招呼也不愿意跟人分享零食或者玩具。因为长期限制吃巧克力，儿子对巧克力呈现出成瘾般的痴迷。后来妈妈自省，决定彻底放开限制，去香港买了一旅行箱巧克力。孩子开始不敢相信，问妈妈这些都是给我的吗？妈妈确认说这都是给你的，你想怎么吃怎么吃。结果孩子一路主动跟出租车司机聊天，电梯里见人就打招呼，主动分享，单纯快乐得像小麻雀。

　　一箱巧克力，就给孩子带来天堂般的快乐，充沛的能量流动。**对孩子来说，快乐不在于价格标签，而是被父母充分地看见和回应。**一网友说得好，如果我能吃 2 块巧克力，而你愿意给我 10 块，剩下的 8 块都在说：我爱你。

≈ 海马爸爸说 ≈

很多家长不愿意痛痛快快给孩子买东西，给孩子花钱的同时反复强调金钱多么来之不易、要珍惜东西不可以浪费等，孩子由此收获到的是匮乏感和愧疚感，跟金钱的关系沉重艰难。有一次孩子要一样东西，妈妈讲各种不给买的理由拒绝孩子，孩子直接问："妈妈你为什么见不得我开心？"

王尔德说："使孩子品行好的最好方法，就是使他们愉快。而这个社会的大多数成年人在让孩子愉快这点上，都显得出奇地吝啬。就在他们或是粗暴、或是和蔼地夺走那些让我们愉快的事物时，他们总会不忘附加这样一句：这样做是为了你好。而这真的是一句带有说服性的辩词，它会在最后使我们也同意毁灭自己。"

海马大课堂

杨澜说，她三四岁寄居上海外婆家时，年轻的舅舅常在领了工资的周末带她去最高级的红房子餐厅吃西餐，去淮海路照相，去看最新潮的立体电影。长辈责怪他为个小孩子乱花钱，舅舅说，女孩子就要见世面，不然将来一块蛋糕就把她哄走了。

男孩和女孩具有不一样的性格特征，无论"养"还是"教"，都不能一概而论，需要有所不同。而"富养"和"穷养"的说法是根据传统的"男主外、女主内"思想来进行性别角色定位的，并且很多人将其片面地理解为物质上的供养，容易走向极端。

不管是穷养还是富养，都应该有个度。如果过度穷养，让孩子在贫穷、恶劣的环境成长，容易使他们缺少关爱，形成缺乏安全感、自卑、孤僻的性格，也可能造成他们仇恨家庭和社会，形成攻击性较强的性格。而过度富养，父母什么都顺从她，容易导致其形成以自我为中心的性格，也可能导致她形成"嫌贫爱富"的价值观。

随着时代和观念的转变，诞生了一种新的富养理念，它包含了不同于金钱的意义，更多的是一种品质上的培养，既不要倾其所有去富养宝宝，也不必刻意追求"劳其筋骨，饿其体肤"这样的穷养方法，而是更注重精神教养。

女孩和男孩，在道德、品格养成教育上，都有"富养"与"穷养"的必要性，**富其眼界，穷其意志**。法国启蒙思想家卢梭说："我们的教育是同温暖的生命一起开始的"，不管家庭条件如何，爸爸妈妈对孩子的责任不是简单地满足他在物质上的需求，保证孩子不愁吃喝，而是丰富他的精神世界，注重性格培养，教会他如何获取财富。

请不要一味向孩子抱怨工作不顺利，也和他分享一些工作中的趣事；请不要再以"买不起"搪塞孩子，而是用一些更可信的理由；请不要一再重申你为孩子付出了多少，而是告诉他你的生活因为他的出现变得更加充实。为了孩子未来精神和物质的丰盛，请收回我们对待生活的沉重和匮乏感，将希望与丰盛传递给下一代！

第02课
家教从礼貌开始

| 家教故事 |

在去芝加哥的列车上，大家躲在自己的报纸后面，彼此保持着距离。

"注意！"一个声音响起。

"我是本次列车的列车长！"声音威严，车内鸦雀无声，"你们全都把报纸放下，现在转过头去面对着坐在你身边的那个人，转！"

乘客们虽然疑惑，但仍像听到指挥官命令的士兵似的，不由自主地服从了列车长"口令"，无一例外，却也无一人露出笑容，这是一种从众的本能。

"现在，跟着我说……"又是一道用军队教官的语气喊出的命令，"早安，朋友！"

大家跟着说完，都情不自禁地一笑。

生活中就是如此，人们面对陌生人会感到难为情，害怕与对方对视，于是便学鸵鸟，假装不认识、没看见，连最基本的礼貌也不讲。如今随着一声"早安，朋友！"轻易就打破了车厢里的尴尬气氛，人们之间的戒心消除了，车厢内洋溢着欢声笑语……这就是一句"早上好"创造的奇迹！

亲子放大镜

妈妈接小桐放学回家，上楼时偶遇邻居，妈妈主动打招呼，声音故意放大，想让小桐意识到他也要有礼貌，和长辈打招呼。可小桐像往常一样无动于衷，妈妈提醒道："小桐，叫奶奶！"小桐弱弱地叫了一声，结果邻居没听见。妈妈只好再一次提醒："大点声说，奶奶没听见。"小桐提高了点音量又叫了一声，但是奶奶两个字中间停顿了一下，显得有些胆小、害羞，奶奶还是没理他。当着奶奶的面，妈妈对孩子说："你看你叫两遍都这么小声，奶奶能听得见吗！"奶奶听到后笑了笑，没说什么走了。

名人堂

不学礼，无以立。
——孔子

凡人之所以贵于禽兽者，以有礼也。
——《晏子春秋》

礼仪是儿童与青年所应该特别小心地养成习惯的第一件大事。
——约翰·洛克

礼节及礼貌是一封通向四方的推荐信。
——西班牙女王伊丽莎白

礼貌周全不花钱，却比什么都值钱。
——塞万提斯

≈ 妈妈提问 ≈

关于礼貌问题，我反复说了很多次，用了各种办法，有段时间还采取奖励的方式，只要他同别人主动打招呼，就可以得到奖励。但只维持了一段时间，之后就又不行了。而且他跟别人打招呼时，姿态也是唯唯诺诺的，不自信，实在拿他没办法。

≈ 海马爸爸说 ≈

逢人打招呼意在教孩子懂礼貌，学会尊重别人，而非流于形式。这方面，家长越是强调越是起相反的效果，孩子会觉得家长在强迫他而更加不情愿。只要家长自己做好榜样，慢慢来，孩子主动打招呼时最好当着外人的面适时表扬几句。要记住，人前表扬（即便不表扬也不要批评），人后批评（不是背后批评）。所以，妈妈在奶奶面前说孩子这一点很不好，要知道，孩子的自尊心也很脆弱，需要家长细心呵护。

海马大课堂

见面礼节	适用场合	基本原则
致意礼	公共场合远距离遇到相识的人，一般是举右手打招呼并点头致意 与相识者在同一场合多次见面，只点头致意即可 一面之交或不相识的朋友，点头或微笑致意	对男士的称呼：最普遍的称呼是先生 对女士的称呼：未婚者称小姐；已婚者称太太、夫人；不明确者称女士 对身份高的人的称呼：在官方场合要称其职衔；对有学问的人称呼学衔 年轻者先向年长者致意，男性先向女性致意，下级先向上级致意

见面礼节	适用场合	基本原则
握手礼	大多数国家相见和离别时的礼节 握手还是祝贺、感谢或相互鼓励的表示	用右手握手，握手时应为站姿 握手时间 1~3 秒为宜，与女士握手力度稍轻 握手前要脱帽和摘手套 握手时双目注视对方微笑致意 顺序为主人、年长者、身份高者、女士先伸手，客人、年轻者、身份低者见面先问候，待对方伸手再握
介绍礼	在交际场合结识朋友，可由第三者介绍，也可自我介绍相识	介绍某个人时，以手示意，不能用手指去指；先把身份低、年轻的介绍给身份高、年长的，先介绍男士给女士；被介绍时，除女士、年长者外，一般需起立，但在宴会桌上则不必，微笑点头示意即可

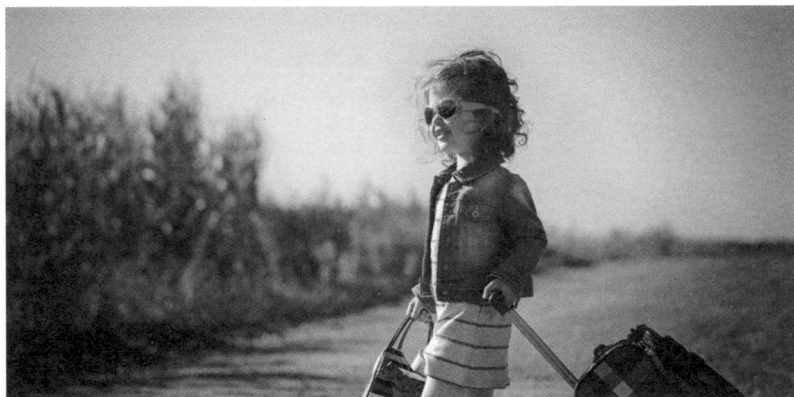

见面礼节	适用场合	基本原则
拥抱礼	多用于迎送宾客或祝贺致谢等隆重场合	两人相对而立，右手搭在对方的左后肩，左手扶住对方的右后腰。拥抱时还可用右手掌拍打对方左臂的后侧，以示亲热
合十礼	东南亚佛教国家	两掌相合，十指伸直，举至胸前，身子略下躬，头微微下低
鞠躬礼	日本、韩国	鞠躬礼分为 15°、30° 和 45° 的不同形式；度数越高向对方表达的敬意越深 通常，向身份最高、规格最高的长者行 45° 角鞠躬礼；身份次之行 30° 角鞠躬礼；身份对等行 15° 角鞠躬礼
亲吻礼	西方国家	一般情况下，关系亲近的女士之间是亲脸，男子之间是抱肩拥抱，男女之间是贴面颊，晚辈对长辈一般亲额头，男子对尊贵的女宾往往亲一下手背（手指）

第03课
娃娃要独立

| 家教故事 |

在尼日尔，有一株金合欢树，它生长在浩瀚的撒哈拉沙漠之中，已有1800余年。它的根深深地扎进地底，到达30米以下的沙海深处，虽然它的主干弯曲，而且粗糙，绿叶也不多，但枝干粗壮，年复一年，生生不息。它是这一带唯一生存下来的古树。这里常年干旱，昼夜温差很大，极端天气频发，恶劣的环境让它伤痕累累，却成为不朽的勋章。

这一奇迹深深震撼了在沙漠边缘苦苦挣扎的尼日尔人民，他们将这株金合欢树视为"神树"，当地图阿雷克族人甚至把它作为生命的图腾来膜拜。

此后，经过树旁的车辆和驼队，自发地担当起保护这株金合欢树的重任。他们根据其他金合欢树的生长特点，对这棵树进行护理，先将残枝败叶修剪干净，在它的根部堆上泥土。然后，每个人将自己珍贵的饮用水拿出来，给树灌溉，还给树立起了屏障，以便遮挡风沙和冰雹。

可是，仅仅一年时间，这棵树便枯萎了。得知它的死讯，尼日尔人悲痛不已，但他们不明白"神树"真正的死因。科学家们考察之后，给出了最终的答案：**金合欢树不是死于风沙、干旱、高温、严寒、冰雹的摧残，而是死于人们的精心护理。**

｜ 亲子放大镜 ｜

常常有家长会问我这样的问题：为什么有的小孩不需要大人提醒就能主动学习呢？作为一个教育研究者，我对这些问题也是非常好奇的。因为这种主动性，是决定学习成绩的关键因素。

正好，我身边有几个这样的学生。在观察和了解之后我发现这些学生都具有这样的一些特征：思维清晰；清楚地知道自己擅长什么、不擅长什么；平时会主动查缺补漏，布置的作业也能很认真地完成，不会的题会

名人堂

滴自己的汗，吃自己的饭，自己的事，自己干，靠人，靠天，靠祖上，不算是好汉。

——陶行知

我从来不把安逸和快乐看作是生活目的本身，这种伦理基础，我叫它猪栏的理想。

——爱因斯坦

世界上最坚强的人就是独立的人。

——易卜生

天行健，君子以自强不息；地势坤，君子以厚德载物。

——《周易》

反复想，直到想通为止；至于上课，基本上不会走神，能全神贯注地学习。

于是我和这些学生的家长做了一些交流。他们在生活中是这样做的："主要是平时遇到问题就问问他有什么处理意见。如果遇到他的意见和我的想法不一样，而他的想法又很好，我当然会听取。再以后，孩子就完全形成自己的想法，坚持自己意见的时候多，我现在是被他指挥了。"

不出所料，这些孩子在成长中并没有出现失去控制的现象，而且成绩也比较优秀。**生存教育的根本在于培养独立性，包括独立意识和独立能力。**让孩子形成自己的想法，是培养独立意识的第一步，而独立能力培养的重点在于孩子自理生活的能力。

| 海马大课堂 |

儿童的心理发展是一个由量变到质变的发展过程，在这个发展过程中有几个关键性的转折期。1~3 岁是儿童发展过程中的第一个转折期，有人称之为人生的"第一个反抗期"，孩子开始"闹独立"，常常说"我自己来……"，但很多父母不愿意让孩子自己动手，一是嫌麻烦，认为他们成事不足败事有余，给他们做善后处理还不如大人替代来得便利；二是不相信孩子，主观地将其定位成能力弱的人，不相信他们能做得好。这样做确实省事了，但也错失了孩子学习独

立的机会。

保护和培养孩子的独立意识，有几条经验值得借鉴：

第一，给予孩子充分的信任。小到自己上厕所，大到自己整理房间，你相信他，鼓励他，他就会努力去做。第一次做不好，你要相信他第二次能做好，第二次做不好，还有第三次、第四次……**信任，是一个人成长的最大动力。**

第二，教给孩子方法。这是对第一条的补充。你可以信任孩子能自己过马路并放手让他去实践，但是，如果你不教会他辨认红绿灯，不教会他如何应对突然而至的车辆，那这种信任就是盲目，甚至是危险的。在放手让孩子去做某件事之前，你必须告诉他步骤、方法和注意事项，并引导他从最基础的事做起，由易到难，循序渐进。**教他做比替他做也许会更麻烦，但授人以渔远比授人以鱼更有意义。**

第三，适当示弱。家长不能包办，如果什么事都替孩子想好了、做完了，那孩子做什么？家长要给孩子创造自己动脑、动手的机会，而且最好不要安排、指使他去做什么，而是应该尽可能地发挥他的主观能动性。

第四，态度坚决并有耐心。在培养孩子自理能力的过程中，可能会有一些周折，比如，孩子刚开始兴趣很高，但过不了多久就开始打退堂鼓，或者费了很多工夫，孩子仍然学不会，这就需要家长有耐心，而且态度坚决：自己的事情自己做，不能指望别人。

第04课
经济头脑从小培养

家教故事

彼得是全世界最著名的"富二代"，因为，他是"股神"沃伦·巴菲特的儿子，也是著名音乐家、艾美奖获得者。

虽然有个巨富老爸，但父亲从没为他和哥哥姐姐开过一张支票。彼得说："小时候我走着上学，没有车接车送。离开大学后，我便开始独立生活，不仅要负担音乐工作室的开销，还有房贷的压力。"彼得最大的梦想就是自己的音乐剧《灵魂》能够巡演，巴菲特只让儿子自己先去筹款，而他或许会负责剩下的10%。

巴菲特将自己财产的85%，大约370亿美元捐赠给了盖茨夫妇的慈善基金会，创美国有史以来个人慈善捐款额之最。余下的则捐赠给亡妻和子女所创办的基金会。老巴菲特给予孩子最大的财富，就是教他们去寻找自己的人生和价值。

而老巴菲特至今还生活在原来的房子里，80岁仍然每天自己开车。

"如果你有一天晚上正巧进入我的家庭，可能跟我 8 岁时的场景是一样的。父亲吃着三明治、炸土豆片、穿着睡衣享受着生活，没什么特别。"彼得这样形容自己的父亲："他从来没有改变过自己的生活方式，每天做着自己热爱的工作。我父亲一直跟我们说，**幸福快乐是你要追求的，金钱是跟随着你的幸福和工作而来的，而不应该引领你的工作。**"

| 亲子放大镜 |

考了好成绩，父母给奖励，这是很多家庭激励孩子的惯用手段。随着社会发展、科技进步，奖品的种类五花八门，价格也是水涨船高，从最开始吃一顿大餐，到购买各类数码产品，到现在，出国游成为常态，甚至出现了攀比的趋势。而家长们的态度则是，只要孩子愿意"好好读书"，那么这些要求，都无条件满足。

"再穷不能穷教育，再苦不能苦孩子"，这样的教育，造成了一个很可怕的现象：全

名人堂

为什么一个人要富有？为什么他一定要有马匹、精致的衣服、漂亮的住宅、到公共场所与娱乐场所去的权利？因为缺少思想。你给他的心灵一个新的形象，他就会逃避到一个寂寞的花园或是阁楼上去享受它。这梦想使他们那样富有，即使给他一州作为采邑，也还抵不过它。但是我们最终是因为没有思想，所以才发现我们没有钱。我们最初是因为耽溺于肉欲，所以才觉得一定要有钱。

——爱默生

民富二代。富人家的孩子当富二代养，穷人家的孩子也当富二代养，一些条件并不宽裕的家庭，觉得亏欠了孩子，担心孩子被比下去，产生自卑心理，反而更加娇惯、宠溺孩子。当父母恨不得把全世界所有的好东西和所有的爱都给孩子时，却忘了告诉孩子一件事：生活的艰辛，是难以想象的。

分享一个真实的故事，说的是一位中国单亲妈妈和她的三个孩子在以色列的致富传奇。刚开始，妈妈靠在街头卖小吃维持一家人的生活，即使自己手忙脚乱，也从不让孩子们帮忙。孩子们每天放了学，就来等妈妈一起回家，作业写完了就到一边玩耍去了。一家四口日子过得紧巴巴，妈妈不敢生病，因为她一生病就意味着这个家没有了经济来源。他们的犹太邻居看不过眼，便训斥孩子："妈妈每天这么辛苦，你们却在一边玩耍，等着吃现成的，跟废人有什么区别！"接着，邻居又来训斥这位母亲："你正在将你的孩子变得无能，他们总有一天要学会靠自己生活，为什么不能从现在开始呢？"在邻居的训斥下，妈妈和孩子都开始反思，后来，原本只会黏着妈妈撒娇的孩子，竟都找到了自己的赚钱之道：老大（17 岁）靠售卖文具，赚到 2000 多谢克尔（折合人民币 4000 多元）；老二（14 岁）竟然在报纸上开设了自己的专栏，介绍中国的风土人情，每月能赚 80 谢克尔；老三是女孩（12 岁），学会了煮茶和做点心，当然，这些都不是免费品尝的，有了她的加入，妈妈的小吃摊人气也越来越旺。

≈ **海马爸爸说** ≈

　　有的父母宠爱孩子，只要是孩子想要的，都会想尽办法满足他。家庭条件差的自己省吃俭用，条件好的更是不在乎，"随便花，爸妈养你一辈子！"造成孩子花钱无节制，金钱至上，对待人和事物容易走向极端。

　　孩子的金钱观念应该从小培养，有关专家研究表明，金钱观的萌芽期在6岁以前，形成期是在6~12岁，发展期在12~18岁。如果儿童能在萌芽时期，就形成恰当的金钱观，那么他在日后的生活中对金钱会有一种正确的态度和很好的规划能力。

海马大课堂

　　从儿童思维发展的特点来看，3~4岁幼儿（幼儿初期）已经具备了简单的守恒、概念掌握以及推理能力，因此，**从3岁开始对幼儿进行理财教育是充分可行的**，但是因为幼儿的自我中心意识很强，且各种思维能力发展到幼儿晚期才基本成型，所以我们要合理地选择适合幼儿的理财教育方式。

　　第一，家长自己要有正确的金钱观念，取之有道、用之有度，做好孩子的榜样。家长对孩子的影响是潜移默化的，很多家长本身就铺张浪费，追求物质生活，结果造成孩子非名牌不穿、非高档不去的坏毛病。

　　第二，在平时和孩子的交谈中，家长不要回避和金钱有关的话题。主动告诉孩子金钱来之不易以及金钱在日常生活中的用途，但不要向孩子灌输金钱万能论，也要说说金钱的局限性，说到底，**钱只是辅助生活的道具，并不是生活本身。**

第三，让孩子参与到家庭日常采购中来。有的家长因为担心孩子看到琳琅满目的零食、玩具会大吵大闹，而不带孩子去超市、商场。我建议家长在带孩子去商场之前先和孩子讨论购物清单，讲明买每样东西的理由，在购物的过程中还可以教孩子比较价格，引导孩子建立理性的消费观念。

第四，用零花钱培养孩子的储蓄观念。孩子 6 岁以后，家长就可以考虑给孩子零花钱了，并帮助孩子养成记账的习惯。当孩子表现出奢侈倾向，家长不要斥责或干涉他对零花钱的支配权，仍然让他自由支配，让他切实感受到，没有节制地乱花钱，会让自己的经济受困。刚开始发放零花钱的周期不宜过长，以一周一次为宜，随着孩子年龄的增长，延长发放的时间间隔。

第五，**家长不要将自己的生活压力转嫁给孩子。** 有的家长加班回到家，碰到孩子闹，就会下意识地教训孩子："闹什么！我加班还不是为了多给你挣点钱，我这么累都是为了谁？"这些话向孩子传达了这样的信息：工作是痛苦的；工作就是为了钱；孩子要为大人的辛苦负责！家长一定要调整好心态，告诉孩子工作虽然辛苦，但过程中接受了挑战，完成了任务，很有成就感，多跟孩子分享一些工作中的趣事。

第05课
帮孩子把大梦想分解成小目标

1952 年 7 月 4 日清晨，一片浓雾笼罩下的加利福尼亚。在海岸以西 21 英里的卡塔林纳岛上，34 岁的弗罗伦丝·查德威克一跃而入到冰冷的太平洋海水中，开始向加州海岸游去。如果成功的话，她将是第一个游过这个海峡的妇女。在此之前，她是游过英吉利海峡的第一个妇女。

那天早晨，海水冻得她全身发麻。雾很大，弗罗伦丝连护送她的船只都几乎看不到。时间一个小时一个小时地过去，千千万万人在电视上看着。有几次，鲨鱼靠近了她，救援人员开枪把它们吓跑，弗罗伦丝仍然在游着。

15 个小时之后，她又累又冷，觉得没法再继续游了，就叫人拉她上船。她的母亲和教练在另一条船上对她喊，海岸很近了。但她朝对岸望去，除了浓雾什么也看不到。

弗罗伦丝最终还是放弃了，从她出发算起是 15 个小时 55 分钟之后，她被拉上船。而人们拉她上船的地点，距离加州海岸只有半英里！后来她告诉记者，令她半途而废的不是疲劳，也不是寒冷，而是因为她在浓雾中看不到目标。查德威克小姐一生中就只有这一次没有坚持到底。

两个月之后，弗罗伦丝再次挑战，这次海面上还是一片浓雾，能见度很低，但她成功了！虽然延迟了两个月，但她仍然是游过卡塔林纳海峡的第一位女性，而且比男子的纪录快了近两个小时。这次她看到了目标——**目的地加州海岸不是在她眼前，而是在她的心里。**

亲子放大镜

有一则笑话，

一个人问牧羊人：你为什么养羊？

为了赚钱啊！

那你为什么要赚钱呢？

为了娶媳妇啊！

那你为什么要娶媳妇？

为了生儿子！

那你为什么要生儿子呢？

为了养羊啊！

1970 年，美国哈佛大学对当年毕业的天之骄子们进行了一次关于人生目标的调查：27% 的人，没有目标；60% 的人，目标模糊；10% 的人，有清晰但比较短期的目标；3% 的人，有清晰而长远的目标。

1995 年，即 25 年后，哈佛大学再次对这一批 1970 年毕业的学生进行了跟踪调查，结果是这样的：3% 的人，25 年间他们朝着一个既定的方向不懈努力，现在几乎都成为社会各界的成功人士，其中不乏行业领袖、社会精英；10% 的人，他们的短期目标不断实现，成为各个行业、各个领域中的专业人士，大都生活在社会的中上层；60% 的人，他们安稳地生活与工作，但都没什么特别突出的成绩，他们几乎都生活在社会的中下层；剩下 27% 的人，他们的生活没有目标，过得很不如意，并且常常在抱怨他人、抱怨社会、抱怨这个"不肯给他们机会"的世界。

其实，他们之间的差别仅仅在于：25 年前，他们中的一些人知道自己的人生目标，而另一些人不清楚或不是很清楚自己

名人堂

要有生活目标：一辈子的目标，一段时期的目标，一个阶段的目标，一年的目标，一个月的目标，一个星期的目标，一天的目标，一个小时的目标，一分钟的目标。

——列夫·托尔斯泰

敢于梦想，敢于想象你的未来，这是使学习效率提高五倍的不可或缺的步骤。大凡有成就之人，都能真正清楚地看到目标，并且"怎样实现目标"的景象会魔术般地开始出现。当目标还遥不可及时，他们会想象着做通向目标之路上所有细小的步骤。

——珍妮特

"请你告诉我，我该走哪条路？"爱丽丝问。

"那要看你想去哪里。"猫说。

"去哪儿无所谓。"爱丽丝说。

"那么走哪条路也就无所谓了。"猫说。

——摘自刘易斯·卡罗尔的《爱丽丝漫游奇境记》

的人生目标。

向我咨询的很多孩子小的时候也都有过远大的理想，但随着时间的推移，实现梦想的可能性越来越小，所以就放弃了。他们对于梦想只停留在一个终极目标上，比如学员雷宇想去美国留学，但成绩不够好，就打算放弃了，但又有点不甘心，因为他小的时候成绩是非常好的。

空有目标，没有实现它的一个个小步骤，是成不了事的。你可以跟着我一起整理一下思路：先回忆自己当初为什么定这个目标，它对你的吸引力在哪？再看你距离目标还缺少什么条件，能不能用已有的优势代替？如果不能的话要如何补救？成绩不达标就努力提高成绩，细化到年、月、日，在多长时间内提升多少分，然后按部就班一步步去做。

海马大课堂

目标就像一个筛子，可以筛选出要做的事情，过滤掉无关的事情。如果这件事情和目标有关系就去做，和目标没关系就不必做，这样人生会更有效率。孩子的人生规划，由谁来做？主体当然是孩子自己，但父母也不能只做甩手掌柜。在孩子 10 岁前，父母是他们人生的统帅，10 岁后，父母就可以退居二线做军师了。

如何制定目标：

第一，目标必须切合实际，同时具有挑战性。目标要结合现实的环境，趋长避短；如果定得太低，没有挑战性，不能激发潜能，就没有任何意义；如果定得太高，往往会半途而废。有句话说得好："目标只要踮踮脚尖就能够得着，就是合理的；如果不用踮脚尖就够到，那就没有挑战性；跳起来都够不到，那就不是目标。"

第二，目标必须孩子自己定。只有孩子自己参与，原动力才会更大。也只有孩子自己清楚，他想要做什么，要达到什么样的标准。

第三，将目标以书面的形式保存，可以裱起来挂到床边，时常提醒自己。

第四，目标必须是可衡量的。将长远目标分解成一个个短期目标，并设置时限，即在多长时间内达到何种程度，如下一次段考名次提升 10 名，借以判断是否在一步步向目标靠近。

第五，目标要平衡和谐。你制定的目标可能有很多个，包括工作事业、财富收入、家庭生活、学习成长、健康及人际关系。这些目标相互间不能冲突，否则就会使你无所适从。生命应该是圆满的、均衡的。

总之，当一个孩子有了人生目标，他所焕发出来的斗志，是我们无法想象的，这样的孩子在努力的过程中，从外人的角度来看，是牺牲了他们"玩"的时间，很累很辛苦，但这群孩子反而更自信，整个状态都是生机勃勃的，他们从中所获得的快乐，是那些无所事事的孩子体会不到的。

PART ②

学霸是放养出来的

优秀是源自于内心的独立和自信，而不是父母的严防死守，重复的说教和冷酷的棍棒消磨的不仅是孩子的意志，更是父母子女之间的亲密关系。天高海阔，任其自由翱翔，这广阔的天地才是孩子最终的归属。

第06课
神奇的心理暗示

美国心理学家罗森塔尔教授和雅各布森教授曾做过一个实验。他们带着一个实验小组走进一所普通的小学，对校长和教师说明要对学生进行"发展潜力"的测验。他们在 6 个年级的 18 个班里随机地抽取了部分学生，然后把名单提供给老师，并郑重地告诉他们，名单中的这些学生是学校中最有潜力的学生，并再三嘱托教师在不告诉本人的情况下注意长期观察。8 个月后，当他们回到该小学时，惊喜地发现，名单上的学生不但在学习成绩和智力表现上均有明显进步，而且在兴趣、品行、师生关系等方面都有了很大的变化。这一现象被称为"期望效应"。

教师期望效应是一种激发个人的心理潜力，提高学习效果的暗示手段。这一理论在学校教育中被广泛运用，它在家庭教育中也处于十分有价值的地位。比如你在和别人聊天时谈到自己的孩子，你的夸赞

和对孩子某项长处的肯定，当着外人多夸赞自己的孩子，就是一种积极的暗示，孩子听到后在他的内心会激发出向你所肯定的方向积极努力的动力，在不知不觉中达到父母所期望的目标。这就是我经常说的：

你把孩子当土狼来养，孩子就会成为土狼，你把孩子当狮子王来养，孩子就会成为狮子王。

亲子放大镜

学员廖彬的妈妈有一根教棍，每次廖彬作业没完成或者考试没考好，就会受到惩罚。因为害怕挨打，廖彬还把妈妈的教棍藏了起来。为了去除他的恐惧心理，我和孩子打了个赌：把教棍还给妈妈，我保证期中考试之前她不会再打你，谁输了，就做 100 个俯卧撑。

妈妈的教棍实际上对廖彬形成一种心理暗示，造成廖彬一考试就紧张，越紧张越考不好，考不好又要挨打，形成恶性循环。

名人堂

当你对某件事情抱着百分之一万的相信，它最后就会变成事实。

——坚信定律

当我们怀着对某件事情非常强烈期望的时候，我们所期望的事物就会出现。

——期望定律

最简单、最有效的一句话："每一天，我生活的每一个方面正在变得越来越好。"

——埃米尔·库埃

这和某中学为了防止学生跳楼加装铁护栏是一个道理，把学校弄成了"监狱"，反倒让学生的情绪更压抑了。在生活中，**我们不仅要加强积极的心理暗示，还要防止这种无意识的心理暗示。**

海马大课堂

家庭教育中积极暗示会带来积极效果，调查表明：几乎 90% 的在品质、意识和智力方面有杰出表现的人，在自己的童年或少年时期都受到过来自家长的积极暗示。那么，进行积极暗示应该怎么做呢？

第一，信任你的孩子，并让孩子感受到你的信任。不要总是把别人家的孩子挂在嘴边，你的孩子就是最优秀的！花点时间去发现吧，你们相处的时间越长，越能够实事求是地评价他们的能力，从而发掘孩子身上的某些特殊才能，再鼓励他们去尝试和挑战。

第二，不失时机地发现孩子身上的亮点，进行夸赞。充分利用机会抚摸你的孩子，即便很轻微的一下——拍拍脑袋、搂搂肩膀、亲亲脸颊，这些接触可以非常深入、清楚地表达你的关爱。不要随意指责孩子，**即使他在别人眼中一无是处，你也必须和他站在同一边，为这个上天赐予的宝贵生命感到快乐和自豪。**

第三，避免过分夸大、夸耀的成分，给孩子以虚假的感觉。你当然不必吝啬你的赞扬，但同样也别滥用你的赞扬。你的赞扬越明确，就越有效。不要仅仅说"好极了"，你可以说"真是有勇气"；不要只是说

"真棒"，你可以说"你能这样，真是有创意"……以这种明确的方式将"有勇气""有创意"之类的赞美之辞加入到他的"自我肖像"中。

第四，不要急躁，教育最需要的就是耐心。你可以帮助你的孩子，使他们的自我感觉更好一些。在这个世界上，没有人比你更具有实力和潜在影响力来做到这一点。这个世界上也没有人比你的这个难以相处的孩子能更好地教会你怎样才能更有耐心和更有自我牺牲精神。在教养孩子的过程中，你所培养出来的耐心、自我控制力以及慷慨无私的品性将同样有助于你更好地同那些最令人棘手的人和麻烦打交道。

你必须控制自己的愤怒（无论导致愤怒的原因是什么），因为你的孩子将不可避免地不断向你提出挑战。孩子们将一直试探你的底线，在这个试探的过程中，"我能做什么"是孩子行为的一个基本前提，"我能做什么来侥幸逃脱惩罚"是他随之而来的一个考虑。所以，为了帮助你的孩子建立合理而安全的界限，你的理解、指导和耐心都是必需的。

第五，期望不要定得太高，可望不可及。如果你低估了孩子的能力，你将不能给予他们足够的挑战或激励，你的孩子也因此容易产生厌烦情绪。如果你高估了孩子的能力，你对他过高的期望无论对你还是对他都将是一种令人倍感沮丧和不悦的经历。无论上述哪种情形，都会使你的孩子将来缺乏动力和你交流相处。别忘了一定要让你的孩子赢，至少在某些时候要让他们赢，没有人会对一些自己总是输的活动感到有兴趣。

第07课
思考比行动重要

｜ 家教故事 ｜

有一天深夜，著名的现代原子物理学的奠基者卢瑟福教授走进自己的实验室，看见一个研究生仍勤奋地在实验台前忙碌着。

卢瑟福关心地问道："这么晚了，你在做什么？"

研究生回答："我在工作。"

"那你白天做什么了？"

"也在工作。"

"那么，你一整天都在工作吗？"

"是的，导师。"研究生带着谦恭的表情说道，似乎还期待着卢瑟福的赞许。

卢瑟福稍稍想了一下，然后说："你很勤奋，整天都在工作，这自然是很难得的，可我不能不问你，你用什么时间来思考呢？"

卢瑟福对勤奋的质疑，应该引起我们对思考的重新审视，在投入某件事之前我们是否要思考一下这样做的意义或者有没有别的方式？生活从来都不是盲目的，我们都应该活得像自己而不是和别人一样！

｜ 亲子放大镜 ｜

一天，儿子昊昊对天花板上的吊灯很感兴趣，指着天花板上的灯，对我说："爸爸够！爸爸够！"

我没有立即去够，而是问他："昊昊，怎么能够着呀？"

他跳了起来，说："这样！"

我又问他："这样能够着吗？"

他拖着长音说："不能！"这是他想到的第一个方法。他这阶段刚能够跳得很好，对此很自信，觉得自己跳跳就能够着，但实际上没能成功。

我继续问他："那怎么样能够着呀？"

他从玩具箱里拿了一根长条玩具，把手举得高高的，说："这样！"

名人堂

学会独立思考和独立判断比获得知识更重要。不下决心培养思考习惯的人，将失去生活的最大乐趣。

——爱因斯坦

人的幸运不在于可见的财产的富足，而在于内在的不可见的思想的完美与丰富。

——阿纳卡西斯

自己不去思考和判断，就是把自己的脑袋交给了别人去看管。

——犹太格言

我问他："能够着吗？"

他说："不能！"这是昊昊想到的第二个方法，借助于工具的方法，可是也没能成功。

我接着问："那怎么能够着？"

他又跳着说："爸爸能。"这是昊昊想到的第三个方法——让别人替他够。

虽然我能够着，但我假装够不着，想让他再想办法。他又把长条玩具递给我，说："爸爸能够着。"而且有些着急地跟我连续说了两遍，"爸爸能！爸爸能！"

我看小家伙有些着急了，想着是时候让他高兴一下，小孩子需要鼓励，就拿了他给的长条玩具，跳了一下够着了。昊昊见状高兴得不得了，手舞足蹈的。这是昊昊想的第四个方法，让别人通过借助工具来帮他够。

在他高兴之后，我又接着问他："看爸爸可以够着，可你怎么能够着呢？"

昊昊哼哼了一会儿，说："昊昊够不着。"看来他有点黔驴技穷了，话语中有点失望。

我提示他说："爸爸抱着昊昊能够着吗？"这是我提示他的第五个方法。

昊昊回答说："能！"他又重新燃起了希望。

站在地上，我抱着昊昊，让他够吊灯。可是他还是够不着。我对他说："昊昊，还是够不着啊？"

　　昊昊还是想不出办法。他还不能将"我能够着"的办法与"他怎么能够着"联系起来。为了让他能够体会够着吊灯的快乐兴奋，我跟他说："爸爸抱着你，站在凳子上，能不能够着呢？"这是我提示他的第六个方法。

　　昊昊很相信爸爸的力量，说："能！"

　　于是，我抱起了昊昊，站在凳子上，把他举起来，他够着了吊灯。我问他："昊昊够着了吗？"

　　昊昊回答说："够着了。"他开心极了。

≈ 海马爸爸说 ≈

　　在这个"够吊灯"的事情中，爸爸引导孩子去思考，而不是直接告知他答案。事实上，以上的对话表明，孩子确实在运用他所能想到的办法去解决问题。家长在这个过程中就要依着孩子的兴趣去引导他，而不是直接告诉他解决问题的办法，或者直接抱起他去够着吊灯。因为如果直接告诉他解决的办法，就不能起到引导孩子思考的作用，那只能是家长在替孩子思考。但很多时候，我们家长却总在做着替孩子思考的事情，可能是无意的，也可能是不耐烦的，这都值得"警惕"。

海马大课堂

　　科学研究表明后天的环境能够显著影响儿童大脑神经元细胞的相互链接，从而影响儿童的智力发育。通过适当的思维训练，能够提高儿童的知识水平和智力水平。但"幼儿英语""音乐舞蹈""奥数"等知识技能型的训练不能替代思维训练，思维训练的重点是"全面"和"均衡"。

思维训练和知识技能灌输不同，**思维训练存在一个短暂的"机会窗口"**。这个机会窗口对应于儿童大脑迅速的发育的 2~7 岁。儿童的思维训练可以通过游戏、专门的课程来进行，但是也可以通过日常学习和生活来进行思维训练。父母要抓住生活中一切可以利用的机会，训练孩子的思路，引导孩子的好奇心，让孩子自己思考，并养成独立思考的习惯。

第一，不要直接告诉孩子问题的答案。孩子主动提问，父母应该感到高兴而不是嫌麻烦，也不要图省事，马上就把答案丢给孩子，这

会让孩子对父母产生依赖心理，遇事不愿意动脑思考，要教给孩子解决问题的方法。比如，当家里的电视突然没有影像和声音时，爸爸可以让孩子自己去查找原因，看看是电源的问题，还是电视机自身的问题。孩子在寻找答案的过程中，锻炼了思考能力，积累了经验，解决问题之后可以收获满满的成就感。

第二，适时向孩子提问。**问题是思考的起点**，如果孩子的问题不多，那么父母可以主动向孩子提问，让他的大脑经常处于活跃状态，通过这种方式来锻炼孩子的思维能力。建议父母多提一些开放性的题目，比如茶杯的不同用途等，还可以询问如何解决突发事件，如通过"你如果在大街上走丢了怎么办"等类似问题来引导孩子思考。

第三，鼓励孩子发表自己的意见。不要管孩子的想法是否正确，父母都要耐心听完，不要打断孩子。对于正确的意见，父母应该积极肯定和表扬，增强孩子自信心；对于错误的意见，也不要否定，而是说出自己的想法，让孩子了解，他自己会有一个判断。

第四，多带孩子外出，接触新的人和事物。如一起参观博物馆、科技馆，读书，然后交流感受，打开孩子的视野。

第08课
和孩子一起玩

家教故事

　　杨绛、钱钟书和女儿钱媛"我们仨"的故事感动了无数人，杨绛在书里这样写：钟书从来摆不出父亲的威严，他比女儿还要顽皮。阿圆小时候常说："我和爸爸最哥们，我们是妈妈的两个顽童，爸爸还不配做我的哥哥，只配做弟弟。"

　　有一次，阿圆大热天露着肚皮熟睡，钟书就给她肚皮上画个大脸，被我一顿训斥，不敢再画。每天临睡前他还要在女儿被窝里埋置"地雷"，把大大小小的玩具、镜子、刷子，甚至砚台或大把的毛笔都埋进去，等女儿惊叫，他得意大乐，恨不得把扫帚、畚箕都塞入女儿被窝。女儿临睡前必定小心搜查一遍，把被窝里的东西一一取出。这种玩意儿天天玩也没多大意思，可是钟书却百玩不厌。

　　除了逗女儿玩，钟书也教女儿英文单词，见有潜力可挖，还教了些法语、德语单词，大多是带有屁、屎的粗话。有朋友来时，钟书就要女儿去卖弄。"我就八哥学舌那样回答，客人听了哈哈大笑，我以为自己很'博学'，不免沾沾自喜，塌鼻子都翘起来了。"阿圆在书中写道。

钟书写《围城》时，对女儿说里面有个丑孩子，就是她。阿圆信以为真，却也并不计较。后来他写《百合心》时，又说里面有个最讨厌的女孩子就是她。这时阿圆稍微长大些，怕爸爸冤枉她，每天找他的稿子偷看，钱钟书就把稿子每天换个地方藏起来。一个藏，一个找，成了捉迷藏式的游戏。后来连我都不知道稿子藏到哪里去了。

作为模范家庭，钱钟书与杨绛不仅让我们看到夫妻间的相处之道，也向我们展示了最佳的父女相处模式。

亲子放大镜

我从小喜欢玩耍，我愿意做儿子最好的朋友和玩伴，我们从小"玩"到大

名人堂

中国的孩子太累了，没有时间玩耍，太早失去了淘气的机会和能力。
——樊发稼

游戏犹如打开一扇巨大而明亮的窗子，源源不断的有关世界的观念和概念的知识通过这扇窗子进入孩子的心田。游戏犹如火花，它点燃探索和求知的火焰。
——苏霍姆林斯基

孩子们总是在大人看不见的地方以孩子的方式干着坏事成长的。
——河合隼雄

"玩",从陪 2 岁的儿子编诗歌、学游泳,到陪 10 岁的儿子走长城,到成为奥运火炬手,到进入美国公立大学。我很愿意和父母们分享我和儿子盼盼"玩"的历程。

我要让儿子有一个快乐的童年。爸爸虽然贪玩,却从不把儿子丢给妈妈,而是与儿子一起玩,所以儿子 2 岁就会编诗歌,3 岁就站到讲台上表演诗朗诵,4 岁就会游泳,5 岁就会骑自行车,12 岁就会组织赛车。

我清醒地认识到,孩子在遇到困难和挫折时我可以去鼓励或安慰他,但不可能在他每一次遇到挫折的时候都能及时保护他。我们期望能够保证他生活得幸福,但很清楚,没有人可以做到。学会如何应对伤心与失望本就是成长中重要的一课。如果爱自己的孩子就要相信他们的能力,爱孩子并不意味着要让他们的生活过得毫不费力。

我告诉儿子人生是"行万里路,写万卷书"。2001 年,当儿子长到 10 岁的时候,我想让儿子掌握生存技能,于是和儿子商量,徒步走长城。每个人都有英雄情结,儿子也不例外,爽快地答应了。孩子不知世事,没想到走长城会遇到这么多的困难,受过伤,险些丧命,但还是坚持下来了。

2001 年至 2003 年,我们完成了"走"的历程,儿子的摄影作品获得了省级比赛的特等奖和一等奖,爸爸又和儿子共同完成走长城日记——《父子驴友》,儿子完成了少年励志书《我行我酷》。那年爸爸说,奥运来临的时候,能让儿子参与一下就心满意足了。

2007 年参与奥运的机会来了,通过激烈的竞争,父子俩的事迹、父亲和儿子在现场的认真努力感动了在场所有的人，双双成为北京奥运火炬手。这是父子俩里程碑式的胜利，儿子从父亲手中接过火种，火炬点燃了儿子的激情，传递了父亲的梦想，完成了父子俩的传承。在全国人民的注目下，以百年奥运为见证，这是父亲给儿子的一个隆重的成人礼。

2008 年火炬手海外版的报道中，父子俩的照片光荣上榜，让父子俩备受关注。就是这一年，产生了留学的念头，我在网上看到，2008年9月20号，北京有一个国际名校招生博览会，此时儿子已经高二毕业了，即将进入高三的冲刺阶段。爸爸又做了一个决定，让儿子请假耽误高三的宝贵时间，带上妈妈，一家三口一起奔赴北京，爸爸说："咱们全家总动员，做一个决策，只选美国，因为美国是世界上教育最先进的国家，又重视素质教育，我们一家一起努力吧。行更好，不行就安心高考。"最终儿子以全额奖学金免试进入了美国的公立大学。

我总说学习是人一生的事，**经历不是每个人都能拥有的，儿子迟早要单飞的，爸爸只是扶上马送一程。**

海马大课堂

父母和孩子一起游戏有三种状态：一是看着孩子玩，主要保证孩子不出安全问题。二是陪孩子玩，因为孩子缺少合作者，给他搭把手，主要目的是让孩子的游戏能玩起来，比如玩当医生的游戏时给孩子当病人。三是和孩子一起玩，在玩的过程中忽视了自己的年龄和身份，享受游戏带来的乐趣。你是哪一种？

显然，第三种是亲子相处最好的状态。**对于年幼点的孩子，要建立友好关系，玩耍比谈心简单得多。**当你们一起给玩具娃娃穿衣服、玩游戏或一起到野外捉蚂蚱、一起追蝴蝶时，请记住，你表现出的热情能够使你们更加亲近。当你的孩子长大一点之后，对话在加强联系方面将更加重要。

国际儿童游戏协会一个由专家组成的委员会推荐了 32 件在 10 岁前应做的事，比如玩泥巴、捉蝌蚪、搞野餐、爬树、养小动物、捉小虫子、堆雪人、为父母做早饭等，还给孩子完整的童年。父母融入孩子的生活，也就为了解孩子创造了条件。怎样做才能成为孩子最好的玩伴呢？

第一，要有一点牺牲精神。我用了三个暑假陪孩子走长城，如果稍有顾虑，这也不舍，那也不放心，什么事情也干不成，盼盼的生活中就

没有了对他成长至关重要的一段经历，当你反悔时，孩子已长大了。

你一定要处于一种足够开放和足够放松的状态之中，从而可以从你与孩子的相互交流和影响中获取最大的快乐。你会感到，**你的儿子或女儿的降生在你的生活中增添的东西要远远比你所失去的东西更重要。**

第二，平等相处。有一个很富有的家庭，孩子过生日时，爸爸给他买了许多贵重且他喜欢的玩具、衣物等，可孩子不快乐。他给爸爸写了长长一封信，最后他提出需要爸爸给的礼物竟是"请你蹲下来"。

不要企图用礼物收买孩子。许多时候，孩子一闹父母就会说："乖，我给你买玩具、珠宝、衣服……"表面上，你的礼物迎合了孩子的情感寄托，但当孩子越来越意识到他对关爱的需求并没有得到满足，他会开始质疑你对他的爱。

第三，善于倾听。放下你手中的活计，认真听孩子和你说的话，不要一边听，一边忙别的事情。**当孩子和你在一起的时候，他对你的投入程度是很敏感的。**如果你只是草草敷衍他，想尽快打发完他再回去办自己的事，他是会看出这一点的。如果他发现你心不在焉，就会很生气。因为你又一次暗示他，他对你来说并不重要。这样，以后你一厢情愿地对他表示兴趣的时候，他就会退缩。

第四，陪孩子一起玩的同时，注意观察引导。你的孩子有个性，你的孩子有自己的长处，认真地去观察他，发现他独一无二的地方。你应该鼓励你的孩子发展自己的偏好，鼓励他坚持自己的选择。

作为父母，我们有许多的愿望和幻想希望我们的孩子去实现。这些幻想也许很明确和具体。例如，我希望她弹钢琴。然而，**我们所有的幻想只是反映了我们自己的需要**。即便只是一个简单的说法如"我想我的孩子能够快乐"，都反映了我们加诸在孩子身上的愿望，因为我们条件性地假设，能够让我们快乐的东西也会让我们的儿子或女儿快乐，而事实上并不一定如此。

第五，学会喜欢过程。我说过自己曾把走完长城定为与孩子的前进目标，但走到最后我最大的体会是：让我感到兴奋和自豪的是走过长城的每一步、每一次日落和日出。其实父母和孩子在家也好、去户外也好，最重要的是要学会与孩子一起分享玩耍的过程。因为在玩耍时孩子们更醉心于一件事的过程，他们会考虑这件事是否有趣？是否够刺激？他们有自己的一套评价标准。比方说你和孩子搭积木盖房子、造轮船，是否建成、建得是否漂亮其实不是那么重要，重要的是大家一起行动，身心都投入其中。

第六，要对孩子守信用。对待孩子的态度很重要，假如你正在工作，孩子跑过来问"爸爸，和我一起玩好吗？"你不要简单地回答"等我做完了这个就陪你玩"或者"等会儿"，而是要让他确切知道你什么时候才会陪他玩。可以明确具体地告诉他，"半个小时后/四点钟我们就出发，你先把自行车检查一下。""今天晚上爸爸要在单位加班，九点钟回来后，我们再打扑克好吗？"如果你一两天之内都没时间，打开日历，约定一个合适的日期，但一定要说到做到。

第09课
方法对了，学渣也可以逆袭

| 家教故事 |

有一位画家，举办过十几次个人展，参加过上百次画展。奇怪的是，不管来看他作品的人多还是少或者有没有获奖，他的脸上总是挂着微笑，继续举办个人展、参加画展，从未想过放弃。

在一次朋友聚会上，朋友问他："你为什么每天都这么开心呢？"他微笑着反问朋友："我为什么要不开心呢？"画家向朋友讲述了自己儿时的一次经历：

"我小的时候，兴趣非常广泛，也很要强。画画、拉手风琴、游泳、打篮球，样样都学，还必须都得第一才行。这当然是不可能的。于是，我闷闷不乐，心灰意冷，学习成绩一落千丈。有一次我的期中考试成绩竟排到全班的最后几名。父亲知道后，并没有责骂我。晚饭之后，父亲找来一个小漏斗和一捧玉米种子，放在桌子上。告诉我说：'今晚，我想跟你做一个试验。'父亲让我把双手放在漏斗下面接着，然后他捡起一粒种子投到漏斗里面，种子顺着漏斗很容易就滑到了我的手里。父亲投了十几次，我的手中也就有了十几粒种子。接着，父亲一次抓起满满一把玉米粒放到漏斗里面，玉米粒挤在一起，竟一粒也没有掉下来。父亲告诉我：'这个漏斗代表你，假如你每天都能做好一件事，每天你就会有一粒种子的收获和快乐。可是，当你想把所有的事情都挤到一起来做，反而连一粒种子也收获不到了。'"

亲子放大镜

学员左涛上课总是走神儿，老师说他调皮捣蛋，妈妈觉得他是多动症。通过和他的沟通，我了解到左涛走神经常是无意识的。用生物学的理论来看，我们大脑主要有三块——左脑、右脑和小脑。左脑控制语言，右脑控制思维，而小脑控制我们整个的肢体，左涛的问题就在于小脑的协调性不够，不能很好地控制自己，更重要的是

名人堂

如果将人看作一棵树，学习力就是树的根，也就是人的生命之根。我们评价一个人在本质上是否具有竞争力，不是看这个人在学校时的成绩好坏，也不是看他的学历有多高，而是要看这个人有多强的学习力。

——"树根理论"

上帝公平地给了每个人每天三个八小时，第一个八小时大家都在工作，第二个八小时大家都在睡觉，人与人的区别是在第三个八小时创造出来的。

——爱因斯坦

形成了心理恐惧。

　　我给了他三个方案：跑步、游泳、爬山。游泳最能锻炼身体的协调能力，促进左右脑发育，不要去想动作是怎样的，该出左手还是右手、左脚还是右脚。每个星期做一到两次，长期坚持。习惯从小养成，关注孩子成长，及早发现问题并加以修正，一切都还来得及。

海马大课堂

　　美国教育学家布鲁姆主张"只要能找到帮助每一个学生的方法，那么从理论上说所有学生都能学好"。**导致很多学生成绩不佳、学习效率不高的原因，往往是没有找到合适的学习方法，而不能概括为孩子不是学习这块料。**好的学习方法有其共性，也有特殊性，针对每个学生的不同特点，应当有所变化，首先要找到孩子学习的短板，才能对症下药。

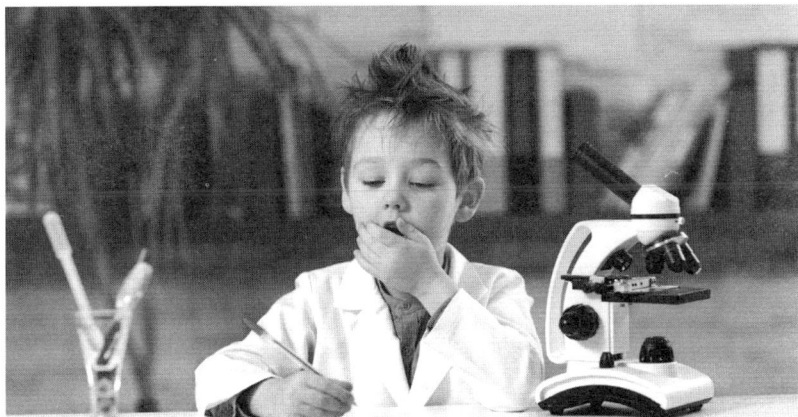

每个学习困难者并不一定真的了解自己的问题所在，对此，我们可从如下几方面进行自我评价：

可能存在的问题	自我评价
时间安排问题	①是否很少在学习前确定具体的目标，比如要在多长时间里完成多少内容 ②学习是否常常没有固定的时间安排 ③是否常拖延时间以至于作业都无法按时完成 ④学习计划是否从来都只在开头的几天有效 ⑤一周的学习时间是否不满 10 小时 ⑥是否把所有的时间都花在学习上了
注意力问题	①注意力完全集中的状态是否只能保持 10 至 15 分钟 ②学习时，身旁是否常有小说、杂志等使我分心的东西 ③学习时是否常有想入非非的体验 ④是否常与人边聊天边学习
学习兴趣问题	①是否一见到书本头就发胀 ②是否只喜欢文科，而不喜欢理科 ③是否经常需要强迫自己学习 ④是否从未有意识地强化自己的学习行为
学习方法问题	①是否经常采用题海战术来提高解题能力 ②是否经常采用机械记忆法 ③是否从未向学习好的同学讨教过学习方法 ④是否从来不向老师请教问题 ⑤是否很少主动钻研课外辅助读物

一般而言，回答上述问题，肯定的答案（回答"是"）越多，学

习的效率越低。从上述四类问题中列出自己主要毛病，然后有针对性地进行治疗。例如一个学生的毛病是这样的：在时间安排上，他总喜欢把任务拖到第二天去做；在注意力问题上，他总喜欢在寝室里边与人聊天边读书；在学习兴趣上，他对专业课不感兴趣，对旁系的某些课却很感兴趣；在学习方法上主要采用机械记忆法。这些病状一列出来，我们就能够采取有效的治疗措施了。

如果是因为方法上的不当，可以美国依阿华大学的罗宾森提出的五步读书法，也称 SQ3R 法。SQ3R 是英语 Survey、Question、Read、Recite、Review 五个词的第一个字母，分别代表"浏览、发问、阅读、复述、复习"五个学习阶段。

如果你的症结是行为拖拉，为克服这个缺点你就应该给自己定一个规则，如每天不完成预定任务不睡觉。

如果你的问题是注意力不集中，那么你就要分析不集中的原因。在寝室读书不集中，就去教室里读。如果读半小时后仍不集中，可以稍作休息，或改变一下学习内容。

如果是因为对读书不感兴趣，则首先努力去读自己有兴趣的书或改变单调枯燥的读书方法，将读书与工作、娱乐、陶冶性情结合起来，或给自己的学习以一定的奖励。坚持一段时间后，随着良好习惯的形成，学习兴趣就会逐渐浓厚。

第10课
走出温室，哪怕要经历风雨

| 家教故事 |

在丹麦，人们一直非常重视户外活动，认为它可以为人们提供健康、快乐与教育。18 世纪后，受卢梭自然主义教育思想的影响，丹麦人更加重视大自然，把户外活动当作一种积极的审美体验。

受福禄贝尔在德国创办的幼儿园的启发，索伦森于 1854 年在丹麦成立了一所"游戏和预备学校"，他公开呼吁："孩子不应该被关在空气浑浊的教室里，孩子应该尽情地游戏和运动，尤其应该在清新的空气里生活。"这可以视作森林幼儿园的起源，森林幼儿园通常被描述为"没有天花板和围墙"的幼儿园。

在森林幼儿园里，自然环境是幼儿学习的重要资源，幼儿一天中的大部分时间都在户外度过。森林幼儿园的室外通常会有一个长满青草的小丘，供幼儿攀爬。秋千通常也是必不可少的，因为这对幼儿大脑运动感知觉的发育非常重要。教师会在森林里为幼儿搭建小木屋，

有的还会利用柳树垂下的枝条编织洞穴、隧道等，供幼儿在这里尽情游戏。室外的沙土区是幼儿非常喜欢的区域，他们可以在这里挖沙坑、建公路、堆城堡……此外，许多森林幼儿园还会饲养一些小动物，如兔子、山羊、鸡等，在照料小动物的过程中，幼儿的情感和认知都会得到相应的发展。

在户外，有时会遇到刮风下雨，孩子们只是稍微避避雨，然后再接着玩。家长也支持，他们认为这样有利于孩子锻炼意志、强健体格。还有的孩子，穿着雨衣，在雨中玩，老师家长都会鼓励他们坚持。孩子们全年四季都坚持上自然课，即使丹麦的冬天很冷。

亲子放大镜

男子汉就是应该像雄鹰一样翱翔在天地间，而不是畏缩惧怕着会有冷空气吹进"温室"里的花朵。我要打造的是一批有理想、有目标、有付出、有担当的男子汉，他们十年之后将是这个世界的主宰。为此我制定了专门打造小男子汉的《雄鹰计划》课程，连续8 天带着孩子们挑战野外生存极限。

在训练的过程中，对野外生存一无所知的孩子，一开始可能是抱着好奇和想要挑战自己的心情来的，但在经历了重重困境后，渐渐产生退缩的念头，可转身看到别的孩子还在坚持，出于好胜，要放弃的话到了嘴边又被吞回肚子里。孩子们在相互鼓励和竞争中，学会生存、自理、自立、宽容、谅解、合作，相互间形成铁哥儿们般的感情。这段经历确实会让孩子们吃苦受伤，但还没有一个孩子说过后悔。

海马大课堂

现代户外教育起源于西方，距今不过 100 多年，却得到了广泛的认可和普及。在美国，童军经历会作为升学和入职时的重要考量；在英国、中国香港、中国台湾和新加坡，户外教育被写入教育大纲，并形成学校、家长和第三方的相互监督体系；在其他国家，如澳大利亚、新西兰、德国等，法律中明确规定了学生应该接受户外教育的时间和时长；在日本，让孩子接受户外教育已然成为一种公民职责。而在中国大陆，户外教育仍然处于起步阶段，调查显示，在一线城市中听过户外教育的家长不到 10%，其中多数有过海外生活的经历。

反观现在的中国教育，某种程度上就是一种应试教育，每一个孩子都是一个模子的产物，你是天才，你死定了。这样的教育结果是：学习靠关系，工作靠关系，当官靠关系，赚钱靠关系，好日子靠关系，就连生孩子治病也要靠关系才保险。应试教育以抹杀孩子的个性为代价，老师讲，学生听、记，考试的答案是一致标准的，一把尺子量到底，唯分数是从。在这种情况下，家庭教育不能不充当应试教育的帮凶。

北京师范大学研究生导师陈建翔博士创建了一个实验模式，宗旨是：**亲近自然，依循天道，培养未来的"灵魂贵族"**。他认为，孩子的幸福童年不该被应试教育绑架，家庭教育与学校教育完美的结合才是未来教育方向。

由于学校教育是一种共性化的教育，我们在家庭中应该更注重孩子的个性化教育。很难想象，如果没有 2001 年 7 月 15 日至 2003 年 8 月 6 日的三个暑假的徒步长城的极具挑战性的经历，我很难看到儿子盼盼身上那么多的优点和感受到他的成长，在陪伴中我了解了孩子，我抱着平常心，任由孩子按照天性、兴趣自然发展，最终他成为了一个坚强的小男子汉。

在儿子盼盼的脑海里，我想给他灌入一种善良的、正义的、勇敢的、创造的思想。长城那雄健的肌肤，坚毅的城楼，团结的城砖，不倒的残墙，群山中雄伟壮观的长城龙形，都无时无刻不在震撼着他的心灵。一种民族的骄傲与责任，激活了孩子的思想，并且让他健康成长。一块长城砖、一道石头墙、一座土城堡，足以让走过万里长城的盼盼知道他是谁，他应该走向哪里，什么是正确的，什么是错误的。从小培养正确的人生观、价值观，有助于他建立一个正确的思想、一个成功的心态、一个伟大的信仰。

走长城回来，记者采访儿子：你是怎样征服长城的？孩子回答：我不是征服了长城，而是和长城的零距离接触，让我感觉到它是有血有肉有灵魂的，我走过它身上的每一块砖，每一步都感到自己在成长。现在我才理解为什么爸爸在回来的路上总是说回去一定要给长城献一束鲜花的意思了。所有这些你不走出去，只是坐在学校里，仅囿于庭院里，那是永远学不到的。

塑造孩子的精神气质

在过去，贵族一直是作为一个阶层而存在，人们一边痛恨着他的奢侈，一边向往着他视荣誉高于生命的人格。今天，我们提倡"精英教育"，正是要取其精华，学习他们的"贵族精神"，即文化的教养、社会的担当、自由的灵魂，三者缺一不可。

第11课
金山高不如书海深

| 家教故事 |

梅勒洛夫被判入狱 4 年。有两种惩罚方式可供选择：去医院当护士或者再接受一次文化教育。梅勒洛夫可不想每天去医院给病人倒尿桶，所以就选择了后者。

梅勒洛夫的任务是要大声朗读完列夫·托尔斯泰的四卷《战争与和平》，而且每一页都要向监狱官转述一遍。这让梅勒洛夫十分不解，这算什么惩罚？

结果读第一页时，梅勒洛夫就被几个单词给难住了，完全看不懂，更别说朗读出来了。

"读啊！"监狱官不耐烦地说道，"你是文盲吗？"

"我中学毕业，还有毕业证呢。"梅勒洛夫生气地说。

"那你就大点声读吧。"

"可这不是用俄语写的。"

"这是法语，"监狱官说，"俄罗斯贵族子弟法语说得都跟俄语一样好。"

"我不是贵族，也不会法语。"

"可你的卷宗上写着你会三种语言：英语、德语和法语。"

"我的学位证是我从市场上买来的。"

"原来如此！如果我把这事告诉监狱长，我想监狱长会再给你加两本书。"

"监狱官先生，您要是愿意，我给您跪下都成，只求您别再难为我了。等我出去以后，我送您一辆奔驰。"

"算了吧，我才不稀罕你的奔驰呢。看见没有？这儿有一个小星号，这叫脚注。这下面是俄语译文。"

梅勒洛夫勉勉强强地总算把这一页读完了。

"可以问您一个问题吗？"休息的时候，梅勒洛夫问监狱官。

"当然可以，你说吧。"

"为什么大家都叫您博士？这是您的绰号还是您真的是博士？"

"我真的是博士。"

名人堂

无限相信书籍的力量，是我的教育信仰的真谛之一。
——苏霍姆林斯基

腹有诗书气自华，读书万卷始通神。
——苏轼

世界上有许多好书，但这些书仅仅对那些会读它们的人才是好的。
——皮丁

读书多了，容颜自然改变，许多时候，自己可能以为许多看过的书籍都成了过眼云烟，不复记忆，其实它们仍是潜在的。在气质里，在谈吐上，在胸襟的无涯，当然也可能显露在生活和文字里。
——三毛《送你一匹马》

"那您怎么在这儿工作？"

"我是文学博士，得跟书打交道。可现在外面那些自由的人谁也不读书了，只有监狱里还有被判读书的人。"

亲子放大镜

一个年轻人十分崇拜杨绛。高中快毕业的时候，他给杨绛先生写了一封长信，表达了自己对她的仰慕之情以及自己的一些人生困惑。

先生回信了，淡黄色的竖排红格信纸，毛笔字。除了寒暄和一些鼓励晚辈的句子外，杨绛的信里其实只写了一句话，诚恳而不客气：

"你的问题主要在于读书不多而想得太多。"

学员阿诺智商 130，相对于常人来说算很高了，但成绩却并不好，班上一共 60 人，他排到 40 多名，原因就在于看书少了。阿诺小时候基本不看书，或者只看一些漫画，这让他说起话来思维非常清晰，不看书有时头脑简单、很清晰，有时书看多了，孩子的思想反而被困住了，各有得失。但通过日积月累，原本简单的思维通过书本得到丰富，思维的广度和深度都会有所不同。阅读最先反映到孩子的作文中，作文不再无病呻吟，无话可说，其次是阅读理解能力的提升，还可以帮助数学等科目审题，而审题正是解题的前提。

≈ **海马爸爸说** ≈

由应试教育衍生出了很多社会问题，其中一条就是"读书无用论"，起因是大学生就业难，教育成本和就业状况"冰火两重天"，十年寒窗苦读不如有个好爹，其实这都是对"书"的误解。读书从来都不是教人发财，就像黄埔军校门前对联所写"升官发财，请往他处，贪生怕死，勿入斯门"。读书本身就是一件孤独的事，你会发现，懂得越多越痛苦，在快乐的猪和痛苦的思考者之间，很多人选择了前者。读书最大的作用在于开阔人的眼界，让人学会思考，获得灵感，这种影响是潜移默化的，如果因此而不读书，那就是舍本逐末了。

海马大课堂

每年的 4 月 23 日是"世界阅读日"。据中国新闻出版研究院最新发布的第十二次全国国民阅读调查显示：2014 年我国国民人均纸质图书阅读量为 4.56 本，对比收集到的其他国家的数据，美国是 7 本左右，日本是 8 本左右，韩国是 11 本左右。可见，全球都面临"阅读和学习"问题，而中国尤甚。

现在人们越来越认识到纸质阅读的重要性，但面对卷帙浩繁的书海，什么样的书才能算作好书，值得一读再读呢？**每个人心目中关于好书的标准都不一样，只要有人推荐，那么我们都该去看一看，然后再下判断。**

幼儿阶段的宝宝，还不具有判断能力，这时需要爸爸妈妈来为他们选择，对于这个时期的孩子，真正的"好书"是"适合孩子阅读的"，"适合"有这样几项标准：

第一，良好的纸张和装订质量。幼儿的图书最好经得起翻阅。

第二，图文比例要适当。适合学龄前孩子阅读的图书，主要是"图画书"，这类图书将故事以大量图画和少量文字甚至没有文字的形式加以表现，随着孩子年龄的增长，其图文比例也会图渐少、文渐多，从"以画为主"逐渐向"以字为主"过渡。

第三，内容应在多样化的基础上以趣味性为主。对于幼儿阶段的孩子来说，"趣味性"比"知识性"更重要。孩子喜欢的是故事、童话类图书，而不是妈妈们热衷的"启智""长知识""幼儿课堂"之类的书。

第四，内容应注意准确性，并与孩子的生活经验相结合。有些妈妈觉得，孩子反正也是瞎看，当孩子就书中内容提问时，往往敷衍几句，就糊弄过去。这看似小事，但却为孩子读书不求甚解埋下了隐患。而且，3岁是记忆的关键期，这些错误的信息可能被孩子记住而难以纠正。

第五，应标明相关的阅读辅助信息。好的图书封皮上通常会注明本书的"适用年龄"；在书的开始也会有一个"阅读指导"，说明本书的阅读方法、对孩子发展的促进作用等；有的还会在文字上加注拼音，以方便孩子独立阅读。

第12课
修饰外表不如充实内在

｜ 家教故事 ｜

　　春秋时期，卫国有个名叫哀骀它的人，长得很丑，可是不管男人还是女人都喜欢和他交往，说他相处起来亲近随和，分开了还会舍不得。有一些女人甚至说："与其做别人的妻子，还不如做他的小妾。"

　　他一无权位二无财产，也没有什么高深的理论和显赫的功绩，长得还不好看，却受到几乎所有人的喜爱和赞美，这使得鲁国的鲁哀公惊异不已，于是就派人把他从卫国请到鲁国加以考察。相处不到一个月，鲁哀公觉得其貌不扬的他确有不少过人之处，不到一年，就很信任他了。不久，宰相的位置空缺，鲁哀公便请他担任此职，可他却无心做官，虽在鲁哀公的再三要求下参议了国事，但不久他还是辞去了高位厚禄，回到卫国做他的平民去了。

　　对此，鲁哀公求教孔子："他究竟是怎样一种人呢？"孔子借喻道："我曾经在楚国看见一群小猪在刚死的母猪身上吃奶，不一会儿都惊恐地逃开了，因为小猪发现母猪已不像活着时那样亲切。可见小猪爱母猪不是爱它的形体，而是爱主宰它形体的精神，爱它内在的品性。哀骀它这个人虽然外表不好看，但他的品德和才情等内在之美必定已超越一般人很多，所以您和许多人才喜欢他。"

亲子放大镜

《巴黎圣母院》中的副主教克洛德相貌堂堂，可道貌岸然后面，却隐藏着一颗丑陋的心。而撞钟人卡西莫多虽然外表丑陋，但怀有一颗善良的心，关键时刻见义勇为。美与丑在这两个人的身上，以不同的形式被扭曲了，让人对"内慧"与"外秀"有了更深层次的认识。

很多人抱怨现在是一个看脸的社会，长得好看天生就是一种优势，到哪儿都受人欢迎，为此，还有人不惜在脸上动刀子。每个人都有一颗爱美的心，但长相是天生

名人堂

容貌美丽的人，常常是些很幸运的人；风度高雅的人，往往是些很出色的人。
——汪国真

没有德性的美貌，是转瞬即逝的；可是因为在你的美貌之中，有一颗美好的灵魂，所以你的美貌是永存的。
——莎士比亚

若要优美的嘴唇，要讲亲切的话；若要可爱的眼睛，要看到别人的好处；若要苗条的身材，把你的食物分给饥饿的人；若要美丽的头发，让小孩子一天抚摸一次你的头发；若要优雅的姿态，走路要记住行人不止你一个。
——奥黛丽·赫本

的，对于普通人来说，修炼内在要实际得多，所谓**相由心生，内在美会反过来影响外在，而且这种由内而外的气质，是别人模仿不来的**。

学员陈杰长相帅气，但是不服管教，性格叛逆，因为赌球输了至少有一两万，爸爸一怒之下断了他的经济来源，屡教不改之后，爸爸对儿子也不抱什么希望了，陈杰自己也觉得过一天算一天，整天混日子，气质对比三四年前的照片简直判若两人。用他自己的话说就是："那时候是人长得帅没钱，现在是有钱人长得不行。"

回忆起那个时候，陈杰颇为得意："我那时候人缘特别好，尤其是女人缘。"我知道陈杰目前最缺的就是别人的认同和肯定，帮助他找回原来的自己。我告诉他那时候女孩儿喜欢你并不是由于异性的吸引，而是她们看到你身上有种善良的东西存在，女孩儿心细，容易看穿人的内心，女孩天生是弱者，她们靠近你，是因为觉得你安全，值得信任。

"这是人最宝贵的东西。找回自己，把那些东西放大，挖掘出来。不用再隐藏它了，再隐藏我拿皮鞭抽你，抽得你皮开肉绽，然后把你内在的东西给掏出来。"我和孩子开起了玩笑。和孩子聊天最重要的是要得到他的信任，这样他才会把内心的烦恼都说给你听。

海马大课堂

注重内在美不代表外表就可以邋里邋遢，周总理在南开大学读书的时候，在宿舍的大立镜还旁糊了一面"纸镜"，上面写着："面必净，发必理，衣必整，钮必结，头宜正，肩宜平，胸宜宽，背宜直，气象勿傲勿怠，颜色宜和宜静宜庄。"毫无疑问，他在外事活动中所展现的风采，和他时时注意自己仪表、风度是分不开的。**培养气质要做到内外兼修。**

在家庭中培养孩子的气质，首先要培养孩子的自信心。先接纳自己，才能被别人所接纳，鼓励孩子大胆做自己，无论身处何种场合，面对多少人，都从容不迫。

其次，多读书。读书有三重境界："读万卷书"即读有字之书，第一境界也——读哲学书籍，可以培养大气；读专业书籍，可以培养才气；读休闲书籍，可以培养灵气。"行万里路"即读无字天书，第二境界也——行旅游之路，可以扩大足界；行探索之路，可以扩大视界；行助人之路，可以扩大胸界。"听万人言"即读人书，第三境界也——听苦难之言，可以磨砺意志；听幽默之言，可以磨砺情志；听褒贬之言，可以磨砺心志。

第三，关心他人。一个人的内在美源于心灵深处的爱——爱周遭的一切事物，爱身边的所有人，我们也将会获得相同的回报。爱护和关心他人是最具吸引力的气质之一。

气质的培养不在一朝一夕，随着岁月的积累，我们会越来越有魅力，这种美才是永恒的。

第13课
不要吝啬你的称赞

━━━━━━━━━━━━◆❦◆━━━━━━━━━━━━

家教故事

从前在美国南部乡下，一天傍晚，一个小男孩在自家的院子里对着月亮，开心地一直跳，一直跳。

妈妈走出房门，问小男生："你在干什么呀？"

小男生指着月亮，兴奋地说："我要去月球！"

妈妈笑着说："很好啊，但你要记得回家吃晚饭啊。"

后来，这个男生长大以后，真的上了月球。

他就是：阿姆斯特朗——第一个登陆月球的美国人。

加拿大有个穷孩子琼尼，因为智商低，学校的功课总是跟不上，学校只好劝他退学。为了安慰他，学校请了一位心理学家和他谈了一次话。心理学家告诉他：**工程师可能不识乐谱，医生不一定会绘画，你被劝退学了，但不等于没出息。** 这番话对他产生了巨大影响。后来，他常年给人家整建苗圃，修剪花草。二十年后，他成为闻名全国、受人尊敬的风景园艺家。智商偏低的琼尼，因为发现了自己的长处，才拥有了成功的人生。

亲子放大镜

方旭报名参加了海马基地的"少年演说家"比赛，演讲的主题是：独一无二的我！向来低调的方旭这一次表现得很积极，第一个举手并站到了讲台上向大家介绍自己，落落大方的精彩演说受到了评委老师的一致好评，在比赛中获得了很好的名次。一回到家，方旭迫不及待地向妈妈汇报这个好消息。妈妈高兴地说："我儿子真棒，好样的！下次还要这样。"方旭看着妈妈，好像在等妈妈说更多的话，然而妈妈就说了这些……

≈妈妈提问≈

我夸奖他了呀，我说儿子你真棒！担心他会骄傲，还鼓励他再接再厉，为什么孩子还是一脸失落呢？

名人堂

要改变人而不触犯或引起反感，那么，请你赞他们最微小的进步，并称赞每个进步。

——卡耐基

夸奖人的时候，不可静如秋水，要七情上脸。不要以为喜形于色是不老练的举动。别人的进步，值得我们为之欢欣鼓舞，并且让对方毫无疑义地感知我们的赞美和欢愉。

——华叔敬

≈ 海马爸爸说 ≈

你的评价只是泛泛而谈，不要用一句话概括孩子身上的优点。比如说：你是最勇敢的，那么你的勇敢体现在哪里呢？你是第一个举手上台的，那么第一个上台，你需要克服的是什么，因为你克服了这么多的困难，所以证明你是勇敢的。孩子勇敢的这个优点，你应该用 50 字甚至 100 字的长篇大论诠释出来，才能让他感觉到："哦，我真的比别人勇敢。"再比如你演讲时表现得大方得体、吐字清晰、语言精练、手势到位……拿出你认为最突出的一点加以扩充，让他感觉到他的努力你都看在眼里，你确实为他感到自豪，而不是不走心地敷衍了事。

海马大课堂

赏识教育源于父母教孩子"学说话、学走路"成功率百分之百的教育现象，成功的奥秘，就在于尊重生命成长的自然规律，百分之百地相信孩子行，承认差异、允许失败，以及无限热爱。

美国总统奥巴马经常主动问他的女儿："今天我有没有赞美过你？"**每个人都有被肯定和赞美的需要**，不论孩子的性格是内向还是外向，该称赞孩子的时候，不要吝惜你的赞美。现在越来越多的家长开始意识到要多给孩子一些鼓励，但是，仔细回想一下，你夸孩子的时候，是不是总是用"你好棒""真厉害""真聪明"等词汇呢，家长对孩子的每一个进步如果都用"聪明"来定义，结果只能让他觉得好成绩是与聪明画等号的。一方面他会变得自负，而非自信；另一方面，面对挑战他会采取回避，因为不想出现与聪明不相符合的结果。

美国的研究人员让幼儿园的孩子解决了一些难题，然后对一半的孩子说："答对了 8 道题，你们很聪明。"对另一半说："答对了 8 道题，你们很努力。"接着给他们两种任务选择：一种是可能出一些差错，但最终能学到新东西的任务；另一种是有把握能够做得非常好的。结果 2/3 被夸聪明的孩子选择容易完成的；被夸努力的孩子 90% 选择了具有挑战性的任务。

笼统的称赞是对孩子的不负责任，**赞美最基本的原则是就事论事**，具体如何操作？就是先提及孩子的行为再称赞，比如"宝贝会自己穿衣服（行为）了，真棒（称赞）"；多赞美孩子通过学习获得的好品质，比如"有礼貌""很努力"而不是赞美天生的优点，比如"很可爱""真帅气"等；还可以按照自己的期望来称赞，比如"我一叫你，你就来我这边，这能帮我节省很多时间"。这样一说，孩子就不好意思听见你叫而没有反应了。

外国人面对外人对孩子的称赞，通常都是大方地说声"谢谢"，而中国传统提倡为人处世要谦卑，所以大多数家长会说："哪里哪里，其实他没有那么好。"孩子做对了，就应该表扬，不要为了客套，打击了孩子的自信心，孩子也是爱面子的。

第14课
博物馆奇妙之旅

家教故事

众所周知，博物馆因拥有无数经典艺术典藏，及其具有的实物性、经典性和现场感的特点，对孩子的教育具有不可替代的作用。西方一些国家的孩子可以说是在博物馆、图书馆里"泡"大的。而在中国，即使是在北京这样的大城市，孩子去博物馆的次数仍然很少。

"我们也想带孩子去博物馆，不过博物馆太少了，不太方便。"家长说。

"北京的博物馆其实非常多，在册有100多家，这些博物馆不仅质量很高、种类也很多。还有很多不在册的企业博物馆。不要说博物馆离我们很远，它就在我们的身边。"博物馆讲解员说。

普通家长和专业人士之间的感受为何有如此大的差距？是博物馆拒绝了孩子还是孩子拒绝了博物馆？

记者曾经就孩子很少进博物馆的问题采访过一些博物馆的管理

名人堂

文物是历史的见证者，是前人留给我们的第一手资料。史书可以含糊其辞，但沉默的文物却会带我们接近最真实的过去。我不知道在这广袤的华夏大地之下，还埋藏着多少历史记忆的碎片，还隐藏着多少尘封已久的故事。但我依然愿意相信机缘巧合，相信它们可以完好无缺地等到重见天日的时刻，并向我们坦露自己的秘密……

——辛宇

通过寻根，我们能看到一代又一代人的追求，这些追求，放在一个民族的大背景中，其实每一笔都精彩，每一笔都没那么精彩，但是共同构成了一个精彩的民族史，看似偶然的家族历史，构成了我们民族的一个必然。

——马未都

者，不少管理者谈得更多的是：国内的孩子缺少参观博物馆的素质，他们会大声说笑，总想触摸展品，还会你追我赶。

据了解，美国有 88% 的博物馆提供从幼儿到少年的教育项目，70% 的博物馆在过去 5 年中增加了面向教师和学生的新服务，而且还有 300 多座儿童博物馆，每两万多儿童就有一个；而我国，儿童博物馆不超过 10 家。大多数博物馆既没有服务未成年人的展厅和展览内容，也缺乏专门针对儿童的讲解员和讲解词，所有人听相同的讲解。

一位博物馆讲解员说："去博物馆的基本是两类人，一类是真正的博物馆爱好者，另一类就是游客，他们觉得来一次北京要去一次故宫博物院，当成一个旅游景点参观，根本就没有意识到这是一个可以供大家学习的地方，也就是说公众很容易就忽视了博物馆的教育功能。"

｜亲子放大镜｜

周周妈抱着才三岁的儿子周周从中国科技馆的"科学乐园"出来，有些遗憾："在里面都玩累了，一直拍音乐墙，又看了好长时间鱼……其他的好不容易拉着走看了一遍。"周周妈觉得，两个大人一个孩子五十块钱的门票还好说，但从城南开车到城北一趟着实有点儿远，孩子只玩了两个技术含量不太高的项目，感觉有点"亏"，"好是挺好的，但是不可能经常来。"

在科技馆的购票处，天花板上不断起伏变形的气球阵也吸引了不少小朋友的目光，一个仰头观看的小女孩被买完票的妈妈"拖"进了

"科学乐园"："走了，这个出来再看，进去里面好多好玩儿的……"

≈ 妈妈提问 ≈

孩子总是花很多时间想绕到展品背面去看；孩子被博物馆里的昏暗光线和诡异展品吓哭；孩子在展厅里"乱跑"，不肯按照展览顺序参观；孩子在博物馆学到的知识，很快就忘了……那么，究竟应该给孩子一个什么样的博物馆体验呢？

≈ 海马爸爸说 ≈

美国的很多儿童博物馆，教育理念是让孩子在里面纯玩儿，在玩的过程中自然有收获；但我们国内的父母，会觉得我不能让他们纯玩，必须让他们在这个时间段里学到点什么，这个期待是非常明显的；包括我自己在内，有时候看到孩子在那里纯玩了一个钟头，心里就会不踏实，觉得他一定是在浪费时间。

孩子学一个小时琴，也许就能学会一首曲子；但在儿童博物馆里边玩一个小时，不一定能直观体现出他得到了什么提高。实际上，他收获更多的是思考的能力、创造的能力和解决问题的能力，包括想象力……这些是很难让父母看见的。

带孩子逛博物馆，知识是次要的。更重要的，是让孩子从小对博物馆产生情结，将来他会知道去博物馆学习是一件很有意义的事情。

海马大课堂

博物馆里的家长通常有三种，一种是完全不管，让孩子在里面玩，自己在边上玩手机、上网；第二种是把孩子拎来拎去，或者是想让孩子去了解家长认为他们应该了解的东西，或者是买了门票就想让孩子把所有的项目都玩一遍,不吃亏;第三种是可以陪着孩子一起玩儿的家长。这里面第三种最好,第一种也还可以,第二种是最糟糕的——造成的结果是孩子觉得自己的兴趣没有被关注。其实孩子能对一件事专注是很好的,家长频繁打断他,反而会让孩子以后很难专心。

家长和孩子在博物馆里怎么互动?在什么时间段讨论什么问题?都需要学习。家长不能站在很高的位置去和孩子交流,如果用心互动的话,我们会发现孩子也在引导我们看东西,他们问的很多问题都是我们答不出来的。

这个时候,家长可以把问题带回来,引导孩子通过其他的方式搜集资料,把问题展开。**博物馆在社会教育中是一个很重要的环节**,如果让孩子从小就有这个习惯,他的学习方式和能力会很不一样,他会知道自己找资源。所以很多美国的儿童博物馆会强调把孩子培养成为"终身学习者",把孩子的学习兴趣调动起来,让他们自己有学习的主动性和积极性。

去博物馆之前,家长还要做些准备。首先是计划时间。要计划好参观多长时间,带孩子参观展览,最好不要超过一个半小时,注意劳逸结合。

其次是选择博物馆类型。尊重孩子的参观兴趣,不要强行要求他参观不感兴趣的场馆。可以从参与性和互动性强的博物馆入手,比如大家非常关注的自然博物馆、科技馆等,有很多是孩子们可以直接动手触摸、动手去体验的。其实人文类的博物馆也有很多,这些博物馆大多都涉及了互动的体验区和项目,可以从这类博物馆入手。

家长要先于孩子去学习，走进博物馆不要着急看展品，先看看展览的名字，这个名字和前言的介绍，就是展览的主题主线，这个主题和主线就是为什么要这样选择文物、陈列文物的最主要的依据。

同样一个展览，并不是只看一次，对于父母和孩子来说，可以分为不同的小主题去多次看，比如参观瓷器，第一次可以看瓷器的颜色，把古人对颜色的感知、等级的差别等了解清楚；第二次看瓷器的造型，都有哪些不同的样子。不要过于强调参观的知识性，把培养习惯和传统永远排在第一位。

还有一点很重要，就是参观后的回顾，鼓励孩子去表达，不管是什么，记录下来自宝贝头脑中的灵感。

第15课
恰当的艺术启蒙

| 家教故事 |

每个孩子都是父母的希望，父母自然会尽力提供一切栽培他们，期待孩子未来杰出、优秀、比别人高一等。有些父母更因为自己儿时没有机会学这学那，就把未完成的梦想放在孩子身上，希望孩子长大了不会像自己一样有遗憾。

还有些父母希望孩子能有一个快乐的童年，但又担心不让孩子学才艺，会埋没了他们的天分。就算教育专家也免不了这样的难题。一位师范大学教育系的教授举自己的例子说，原先她也希望孩子轻松快乐地成长，并不刻意安排他学才艺。现在很多孩子 4 ~ 5 岁就开始学各种乐器，她的儿子一直到小学四年级才学小提琴。"孩子常常从学校回来说，哪个同学在今天音乐课上演奏钢琴，谁又表演了小提琴或其他乐器，等等，露出羡慕渴望的表情。我这个做母亲的不免想，如果不让他去学，是不是剥夺了孩子的学习机会？"

现有升学考试制度也在鼓励父母从小让孩子学才艺，而且要表现优秀拿奖状，未来升学考试才能帮助加分，而且一些媒体、广告持续向父母洗脑说，所有的学习愈早开始，就能保证以后孩子愈有成就。父母普遍很焦虑，然后把这种压力转移到孩子身上，就要他们学这个、上那个。

调查发现，半数以上父母自行决定让孩子上什么，很少问孩子意见，或和他们讨论。时下父母帮孩子安排的才艺课仍以功能性、培养智育方面的居多。一窝蜂的现象，也表现在儿童学才艺上，像跆拳道在奥运会中为国争光，马上坊间的跆拳道教室里上课人数激增；围棋国手比赛，也掀起一阵儿童学围棋的热潮。

┃ 亲子放大镜 ┃

小华从小就非常喜欢小动物，而且非常热衷于研究小动物的生活习性，初中时常常因为观察小动物而弄得浑身是泥。父母对此

名人堂

除了艺术之外，没有更美妙的逃世之方；而要与世界联系，也没有一种方法比艺术更好。

——歌德

艺术可遇不可求，它不会因为你是平民而对你视若无睹，也不会因为你是王公而对你青眼有加。天时未到，即使是最睿智的人也不能使艺术品诞生。

——惠斯勒

艺术远不及生活重要，但如果没有艺术，生活就非常贫乏了。

——非洲

非常生气，觉得他不务正业，于是就想方设法阻止他去外面玩。父母希望他学钢琴，以便将来中考时加分。

开始，他总是趁着父母不注意偷偷地跑到附近的公园里做自己喜欢的事。有一次，他把一个黑色的蜘蛛带回家后，父母大发雷霆，训斥他不应该把这么脏的东西带回家。爸爸还一脚踩死了蜘蛛，妈妈竟然摔烂了他积累了好几年的装着各种标本的"百宝箱"。那一刻，小华愣住了，回到自己的房间默默坐了一个下午。

从那以后，他的学习成绩一落千丈，变得沉默寡言，父母为此非常发愁，甚至怀疑他是不是智力有问题。而小华的生物老师说："小华这孩子特别聪明，如果好好培养，将来一定会是一个非常出色的生物学家。"

再看一则案例：今天，孩子们要画牛。老师先给孩子们看了牛的图片，又画了一头牛作为示范，然后让孩子们学着画。

"快来看呀，笑笑的牛身上长刺了。"孩子们都凑过去。"她画的牛棚好乱！""你画的小孩手里怎么就拿一根草来喂牛呀？……""你画的和老师的不一样！"孩子们七嘴八舌，我也走过去。笑笑显得有点尴尬。我鼓励笑笑讲讲她的画。"这是牛毛，我姥姥家的牛身上就长了好多牛毛。""这是草栏子，是装草的地方，姥姥家里牛吃的草就放在那里。""姥爷每天中午都会赶牛去小河喝水，上面画的那个小孩是我。"

不管是父母强迫小华学钢琴，还是老师让孩子们依样画葫芦，都忽略了孩子的兴趣，**鼓励孩子学艺术要以孩子的兴趣为主，父母不宜干涉太多**。

海马大课堂

让孩子学才艺，并不是为了随大流，让孩子不输在起跑线上，也不是文化课不好转攻艺术，而是为了丰富孩子的业余生活，提高孩子的艺术修养。学习以孩子的兴趣为主，不强求他取得多好的成绩，但是既然决心要学，就要认真学，不能轻言放弃。

专家总结了孩子学习各项才艺的最佳年龄，如果家长有心让孩子全面发展，可以作为参考。

才艺	适龄期	说明
小提琴	5~6 岁	小提琴演奏是单手拿琴站立演奏，自己要想演奏出好音乐，对手及指头尚小、力量不够的 3~4 岁幼儿来说，过于勉强。因此，建议学习小提琴的年纪为 5~6 岁较适当
钢琴	4~5 岁	学习钢琴在 2~3 岁时，效果无法期待，6~10 岁开始学，想成为钢琴家又慢了一点，在 3~5 岁时最好让孩子先听好的音乐，学会欣赏音乐，一般 4~5 岁开始接受钢琴等乐器的技术指导，学钢琴比较适宜。可根据孩子的情况，提早或推迟
绘画	2 岁半~3 岁	孩子 1 岁多已会涂鸦；2~3 岁对形状、颜色产生兴趣，4~5 岁对实际事物、经历过的事物有了认识并画出；5~6 岁时，能画认识的东西，此时的孩子观察力、想象力、表现欲都很高。从 2 岁半到 3 岁孩子最单纯的时候开始，最为适宜

才艺	适龄期	说明
溜冰	4~6 岁	专家和教练一致认为：越早学越好，一些活跃的选手大约是在 4 岁到小学入学前后开始学溜冰的，4~6 岁是溜冰的开始适龄期。早一点开始学，就像讲母语一样，可以在自由、无意识之中，掌握溜冰的窍门
书法	学龄前	书法是一种技巧性很高的艺术，字要写得漂亮且具有艺术性，不是一件容易的事，学习书法，年龄不宜太小，学龄儿童从三年级开始学习书法，较为适当。因为这个年龄已适应学校生活，对文字的理解也较深，可以开始学。幼儿园和小学一、二年级学生，理解力较弱，但若有兴趣，还能持续学习的话，在这个时期开始学也不会太早
英语	3 岁	儿童 4 岁时能掌握母语的全部语音。过了 5 岁，母语习惯已形成，发音机制逐渐稳定并限于母语，再学外语就有语音干扰，因而只要家庭条件允许，孩子最好从小学点外语，1~2 岁就开始亲近英语，3 岁以后跟着老师正规学习比较好
围棋、象棋	3~4 岁	围棋和象棋的开始适龄期是 3~4 岁，只要孩子能区分棋子的黑和白，棋上的文字可以了解即可。这两种棋都有很难的专业术语，如果要充分了解，一般是从小学三年级开始
戏剧	3 岁以后	所谓戏剧，就是使用自己身体所有的器官、机能来表现，从发声、发音练习开始到音乐、古典、芭蕾等，要有广泛的训练才。这些训练可以配合年龄及身心发展情形分别进行，所以从 3 岁到成年，只要有志于演戏，任何时候都可以说是"适龄期"

PART 4

善良是一种修养

亚马逊创始人杰夫·贝佐斯说过:"聪明是一种天赋,而善良是一种选择。"不同的选择决定我们成为不同的人,是土狼还是狮子王? 孩子最初是通过父母了解这个世界的,如果你放在他眼前的是鲜花,那么他看到的也会是美好。

第16课
对每个人心存感恩

家教故事

有一个小男孩，他从小就在一棵大树旁边玩儿。他特别喜欢这棵树。这是一棵大苹果树，它长得高大，枝干粗壮，果实甜美。

这孩子天天围着树，有时候爬到树上摘果子吃，有时候在树底下睡觉，有时候捡树叶，有时候他也拿着刀片、瓦片在树身上乱刻乱划。但大树特别爱这孩子，从来也不埋怨他，就天天陪他玩儿。

玩着玩着，孩子长大了。渐渐地他就不来了。大树很想他。过了很久，他再来的时候，已经是一个少年了。大树问孩子，你怎么不跟我玩儿了？孩子有点不耐烦，他说，我已经长大了，不想跟你玩儿，我现在需要很多高级的玩具，我还要念书，还得要交学费呢。

大树说，真对不起，你看我也变不出玩具，这样吧，你可以把我所有的果子都摘去卖了，这样你就有玩具，有学上了。孩子就把果子都摘了，欢欢喜喜地走了。

就这样，每年他只在摘果子的时候匆匆忙忙来，平时都没有时间来玩儿。等到他读书以后，就干脆不来了。过了一些年，孩子再来到树下的时候，已经长成一个青年，而大树也更老了。

大树说，哎呀，这么长时间没见你，你愿意在这儿玩会儿吗？孩子说，我现在要成家立业了，我哪儿有心思玩啊？我连安家的房子都还没有呢。

大树说，孩子，你千万不要不高兴，你把我所有的树枝都砍了就够你盖房子了。这孩子便把树枝都砍了，去成家了。

又过了很多年，孩子再来的时候，已经是中年人了，而大树已经没有果子也没有树枝了。孩子还是不高兴，一个人心事重重地徘徊在树下。

这孩子说，我现在虽然成家了，却没有立业，我得做一件大事。大海这么浩瀚，我想漂流去远方，可我连只船都没有，我能去哪儿啊？

大树说，孩子，你别着急，你把我的树干砍了就可以做船了。这孩子一听很高兴，砍了树干，做成一条大船出海去了。

很多年过去了，大树只剩下一个快要枯死的树根。这时候，孩子回来了，他的年纪也很大了。

他回到这棵树身边的时候，大树跟他说，孩子啊，真对不起，你看我现在没有果子给你吃了，也没有树干给你爬了，你就更不愿意在这儿跟我玩了。

这孩子跟大树说，其实我现在也老了，有果子我也啃不动了，有树干我也不能爬了，我从外面回来了，我现在就是想找个树根守着歇一歇，我累了，我回来就是跟你玩的。

老树根很高兴，他又看见孩子小时候的样子了。

亲子放大镜

陶行知先生在路上看见，一个蹒跚学步的小男孩摔倒了，父母赶紧跑过去扶起他，望着孩子继续欢快地往前跑，父母脸上露出了欣慰的笑容。站在旁边观看已久的陶老提醒这对父母："在你们扶起小孩时，发现小孩掉了一件什么重要的东西？"父母疑惑不解，陶老说："孩子忘了说声谢谢，丢了一个人最起码的对他人劳动的回报。孩子尽管小，可这种东西理应从小就给予培养。"男孩的父母懂了，把小孩叫回来，直到他说了声"谢谢"才放手让他继续自由玩耍。这个小男孩后来成了一个极富爱心的人，创办了一家儿童福利院，收养了近

百名残疾儿童和孤苦的孩子。

≈ 海马爸爸说 ≈

　　很多学校找我去作报告，最多的就是要求对学生进行感恩教育，还有好多家长非常急切地拉着我的手，或者要到我的电话，一股脑地述说孩子怎么不听话了、乱花钱了，不知道心疼父母，没有感恩心态。社会上对孩子感恩的呼声更是一浪高过一浪，抱怨 90 后、00 后根本不知道什么叫感恩，没礼貌，顶撞老师父母，老师父母这么辛苦他们一点都不知道，最起码的道德品质都没有了。

　　孩子不听话、乱花钱、顶撞父母老师，搞素质教育的都知道，那是事出另有原因，怎么跟感恩教育挂在一起呢？假如我们都把这一切归结为孩子不懂得感恩，那跟头痛医脚、脚痛医头有什么两样？更有时我们一谈起感恩缺失就跟道德缺失、品质缺失联系在一块。

　　那么，我们怎么看待网络上爆料一个人出了车祸，他的宠物狗趴在那里不离不弃；一位老猎人从雪山上救回了一只狼崽，一年后这只狼惨死在黑熊掌下却救回了老猎人的性命，它们懂得什么是道德、什么是品质吗？那么，乌鸦反哺又是什么品质呢？有个孩子为了感恩哥们仗义，挺身而出用刀子扎死了人，判了死刑，这不但冲破了道德底线，甚至是生命底线，你能说他不懂得感恩吗？现在中国走向文化多元时代，可以设想一下，是我们的教育对象出了问题还是我们感恩教育思维导向出了问题？

海马大课堂

　　每当我们提起感恩教育，想到的都是作为被教育者的孩子，却忽略了教育者才是实施教育的主体，主导着教育方向和教育氛围。以家庭为例，父母教育孩子首先要教育自我，**孩子的天性不是接受教育，而是模仿**。父母除说教外主要是起榜样示范作用，他们将在父母如何孝敬长辈、如何对待他人中学会感恩。一项调查发现，35% 的父母会因情绪低落而忽视孩子的感受，22% 的父母会因心中的烦恼迁怒于孩子，有 55% 的父母会因子女的表现达不到自己的要求而控制不住自己的情绪，朝孩子发火。这种情绪给孩子的情感发展带来不良的影响，因此父母要不断提升自己的涵养，提高亲子互动质量，形成良好的亲情与感恩的家庭氛围，用自己的情感、态度、行为去影响孩子的为人处世，在教育孩子的同时一起进步，完善自身。对于青少年感恩教育问题我想提五点建议：

第一条建议，发扬感恩教育的自然传承。孟子说，一个人的恻隐之心、羞恶之心、辞让之心、是非之心是与生俱来的。感恩之心也是"人皆有之"的天赋善性之一。感恩心态是我们人皆有之的自然继承，它是一种情感的反应，不光我们人类有，连动物都有，与生俱来。

第二条建议，特定的时期把特定的事情做对。感恩之心会随着社会意识的侵入而改变。**有时候不是我们的孩子不懂得感恩，而是他对感恩的心理情愫发生了改变**。例如一个被妈妈抛弃 5 年的女生。这个孩子 5 年的时间里都没有人给予心理疏导，我们能怪罪她没有感恩心态吗？特定的时期把特定的事情做对，就是让孩子看到、听到、感受到更多的关爱，引导孩子获得正向的舆论和高尚的情感。耳濡目染，日积月累，在孩子心灵中沉淀下美好的东西，孩子自然形成健康良好的心理。

　　第三条建议，给孩子一次感恩的机会。在现代家庭中，我们给予孩子的太多、太满，过犹而不及，孩子得不到表现的机会。孩子兴冲冲地给你买了礼物，你却把他呵斥了一顿："花了这么多的钱，你以为钱是大风刮来的？"

　　施予爱与接受爱是相互的，一味地疼孩子忽略了提供表达爱的机会，他们就丧失了表达爱的能力，只知索取，不知给予，会认为父母对自己的关爱是理所当然的。

　　第四条建议，父母也应该对孩子感恩。你对孩子感恩了吗？我们光强调孩子学会感恩，那么，我们父母是否也应该反思一下，孩子经过努力考得了好成绩，虽然不是为了你而学习，但是圆了你的面子和心情这个不假吧，你对孩子有过感恩吗？

我是这么做的：儿子在感恩节给我买了一块手表，儿子对我感恩的同时我也对儿子感恩了一回。对孩子的感恩是对孩子的一种尊重和褒奖，父母们对孩子的爱往往都是很含蓄的，愿意藏在心里，不愿意表达出来，延迟了孩子对你的感受，其实**适时的爱的相互表达是巩固孩子感恩思想的最有效的方式之一**，是对孩子正确行为的最好激励。

第五条建议，感恩教育不要忘了祖国。我写过这样一段话：在长城上，感觉离祖国很近。有时会觉得自己的身量在长大。我不再仅仅是妈妈的儿子，我仿佛真正成了祖国的儿子。

我是怀着一种敬仰的心情走完长城，紧随着走过砖石的脚步，心跳在加快，思想在变化。

我的身量比之脚下的山峦，只是一块拳石。我的身体逐渐缩小，我的心血开始膨胀。我对长城有了一种从未有过的亲切。我所走过的就像是我所触摸的一样，给我的灵魂以触动。在这盘龙之上，竟会以泪洗面。闸门的倾泻，不再是一时的冲动。

第17课
对每件事负责到底

| 家教故事 |

美国著名心理学博士艾尔森曾对来自各个领域中的 100 名杰出人士做了一次问卷调查，结果让他十分惊讶——其中 61 个人承认，他们所从事的职业，并不是他们所喜欢的，至少不是他们心目中最理想的。

这些杰出人士竟然在自己并非喜欢的领域里取得了那样辉煌的业绩，除了聪颖和勤奋之外，究竟靠的是什么呢?

带着这样的疑问，艾尔森博士又走访了多位商界英才。其中纽约证券公司的金领丽人苏珊的经历，为他寻找满意的答案提供了有益的启示。

苏珊出身于中国台北的一个音乐世家，她从小就受到了很好的音乐启蒙教育，非常喜欢音乐，期望自己能够从事音乐有关的工作，但她阴差阳错地考进了大学的工商管理系。一向认真的她，尽管不喜欢这一专业，可还是学得格外刻苦，每学期各科成绩均是优异。毕业时被保送到美国麻省理工学院，攻读当时许多学生可望而不可即的 MBA，后来，她又以优异的成绩拿到了经济管理专业的博士学位。

如今她已是美国证券业界风云人物，在被调查时依然心存遗憾地说："老实说，至今为止，我仍不喜欢自己所从事的工作。如果能够让我重新选择，我会毫不犹豫地选择音乐。但我知道那只能是一个美好的'假如'了，我只能把手头的工作做好……"

艾尔森博士直截了当地问她："既然你不喜欢你的专业，为何还能学得那么好？既然不喜欢眼下的工作，为何你又做得那么优秀？"

苏珊的眼里闪着自信，十分明确地回答："因为我在那个位置上，那里有我应尽的职责，我必须认真对待。""不管喜欢不喜欢，那都是我自己必须面对的，都没有理由草草应付，都必须尽心尽力、尽职尽责，那不仅是对工作负责，也是对自己负责。"

名人堂

天下兴亡，匹夫有责。
——顾炎武

人生须知负责任的苦处，才能知道尽责任的乐趣。
——梁启超

高尚、伟大的代价就是责任。
——丘吉尔

要使一个人显示他的本质，叫他承担一种责任是最有效的办法。
——毛姆

每一个人都应该有这样的信心：人所能负的责任，我必能负；人所不能负的责任，我亦能负。如此，你才能磨炼自己，求得更高的知识而进入更高的境界。
——林肯

艾尔森在后续的走访中，许多的成功人士之所以能出类拔萃的原因，与苏珊的情况大致相同——因为种种原因，我们常常被安排到自己并不十分喜欢的领域，从事了并不十分理想的工作，一时又无法更改。这时，**任何的抱怨、消极、懈怠，都是不足取的**。唯有把那份工作当作一种不可推卸的责任担在肩头，全身心地投入其中，才是正确与明智的选择。正是这种"在其位，谋其政，尽其责，成其事"的高度责任感的驱使，使他们赢得了令人瞩目的成功。

亲子放大镜

2015 年 7 月，西安一名 11 岁的孩子划破豪车被车主当场抓住，家长以"孩子小不懂事"为由，拒绝赔偿，还破口大骂。调查之后民警发现，这已经是他划伤的第九辆车了。类似的事情还有，2010 年在杭州山水人家小区内，两个男孩划伤 40 多辆私家车，其中一个男孩母亲的做法是：带着自己的儿子来到居委会，说划车的是她的儿子。她说，他们夫妻愿意为孩子的作为承担一切后果。妈妈带着小男孩在小区每一幢楼的每一个楼道口都贴了一张致歉信，署名"深感歉意的孩子妈妈"，语气非常诚恳。此后不久，10 岁男孩和他的妈妈挨家挨户，到 12 位被划车主的家里登门道歉。每位车主都收到了一件小礼物——男孩自己折的一只小纸船，纸船上写着：对不起。

一方面是大家认为孩子小不懂事，不用承担；另一方面是家长明确告知事件后果，并携儿子登门道歉，主动承担事件后果。**家长对待孩子犯错的不同态度将直接影响他们的认知**，你希望孩子未来成为一个怎样的人？任意妄为还是敢于承担？

海马大课堂

在家里，孩子绊倒了，妈妈教孩子骂"桌子坏坏"；孩子漏做了数学题，妈妈怨爸爸只顾着看报纸，没检查孩子功课；孩子学校春游，妈妈一晚上醒三次，怕误了唤醒孩子早起……西方一位儿童心理学家针对中国存在的这些现象曾说："我不能理解父母为什么要教育他们的孩子推卸责任。一个不懂得承担责任的人是不会有任何出息的！"

孩子缺乏责任心，做事由着自己的性子，是父母错误的教育方式导致的。回想一下，你是否有过这些失误：

1. 破坏性的批评。孩子做错一件事，家长就对孩子全盘否定，会令孩子觉得负责任等于痛苦，从而扼杀了孩子勇于承担的勇气。

2. 过分严厉，使孩子不敢负责任。当我们过分严厉，并且在孩子达不到要求时对孩子进行各种惩罚。例如："你必须把这首诗背出来，否则不许吃饭！"这样做也会让孩子不敢负责任。

3. 越俎代庖，家长包办一切，不给孩子犯错的机会。

4. 对孩子不信任，时刻监督孩子。培养孩子的责任心，必须信任他们，无论是大人还是小孩子，受到别人的信任才能自我尊重。**我们**

如果把他当作坏孩子对待，他就可能成为坏人。

5.家长的负面榜样作用。父母的言谈举止直接影响着孩子，为了教育孩子，父母该特别注意自己的行为规范，不能把错误的、不良的习惯在不知不觉中传染给孩子。

也许你应该试着改变一下。

首先，家庭要保持良好的民主气氛。要让孩子尽早了解并参与你们的日常生活模式，哪怕刚开始他理解不了你在做什么。你要告诉他：你有什么样的计划，有哪些家务要做，你以什么样的顺序来安排家务……随后你可以分配工作，让孩子也参与进来，发表看法，比如购物的时候问孩子"你看牛奶买得够不够？""面包买了吗？"等。

其次，强调孩子的主体作用。瑞士著名心理学家皮亚杰认为，孩子在学习过程中绝不是完全被动的角色，对一种现象，如果他心中原有的解释没有出现矛盾，他就不会接受新的解释。因此孩子是不会从父母的武断说理中获得益处的。家长要抓住一些社会现象让孩子分析，提出问题后，让他们用自己的理论去解释，等他们解释不通了，家长再发表自己的观点，一同探讨，直到孩子接受家长的观点。

第三，让孩子多参与、多帮忙。如果你打算用收拾房间来训练孩子的责任感，那你很可能会碰壁。孩子们的玩具太多，但通常没有合适的玩具箱。晚上他们会疲劳，但是又不想上床睡觉。这种情况下，你最好不要勉强孩子收拾自己的玩具。你可以这样说："你先来厨房帮妈妈的忙，晚一点我再帮你一起收拾玩具。"

第四，跟孩子讲明后果，并让其承担"后果"。如果孩子做错了，要告诉孩子错在哪儿，正确的做法该怎么做，然后，再和孩子一起商量出一个补救的办法或不伤自尊的小惩罚。

第五，用精神鼓励代替物质奖赏。不要让孩子养成这样的习惯：他自我服务或服务家人，是为了得到某种"好处"。比如拍拍孩子的肩膀，或对他说："真不错，这一周你已经是第三次自己刷牙，并且把小白牙刷得这么干净了！"如果孩子帮你倒垃圾，你可以把他搂到怀里说："这些天你帮我倒垃圾，妈妈很高兴。"在亲友面前父母要对他的尽责引以为豪，以使他的好行为有一个更长久的动力。

无论如何，别因为孩子做得不够完美而越俎代庖。聪明的孩子一旦发现他"表现无能"就可以逃避做家务，他就会有意地表现无能，以此来逃避责任。**不要苛求孩子把家务做成技巧娴熟的艺术**。孩子是不是以最快的速度把餐桌摆得井井有条并不重要，重要的是你的孩子慢慢学会怎样来布置餐桌，能够欣赏自己的劳动成果。孩子第一次尝试做事，总有不完善的地方，父母可以帮助他"完善"计划和方案，但绝不要亲自动手。

第 18 课
让分享成为一种习惯

家教故事

　　韩国北部的乡村公路边常常会有很多柿子园。每到金秋时节，随处可见农民采摘柿子的忙碌身影。成熟的柿子先被摘下，未熟透的柿子依然要留在树上，直到成熟之后再进行采摘。但是，整个采摘过程结束后，有些熟透的柿子也不会被摘下来。经过的路人不明所以，都觉得这些柿子又大又红，不摘岂不可惜。但是当地的果农则说，不管这些柿子长得多么诱人，也不会去摘，因为是留给喜鹊的食物。

　　原来，这里是喜鹊的栖息地，每到冬天，喜鹊们都在果树上筑巢过冬。有一年冬天，天特别冷，下了很大的雪，几百只找不到食物的喜鹊一夜之间都冻死了。第二年春天，柿子树重新吐绿发芽，开花结果了，但就在这时，一种不知名的毛虫突然泛滥成灾。柿子刚刚长到指甲大小，就被毛虫吃光了。那年秋天，这些果园没有收获一个柿子。直到这时，人们才想起那些喜鹊，如果有喜鹊在，就不会发生虫灾了。

从那以后，每年秋天收获柿子时，人们都会留下一些柿子，作为喜鹊过冬的食物。喜鹊仿佛也会感恩，春天也不飞走，整天忙着捕捉果树上的虫子，从而保证了这一年柿子的丰收。

还有另外一则故事：一位盲人在夜晚走路时，总是手提一盏明亮的灯笼。别人看了，都觉得很奇怪，有人忍不住问他："你自己是个盲人，眼睛已看不见，白天黑夜不是一个样吗？何必多此一举？"盲人这才道出了心声："我黑夜提灯笼不是照亮自己而是照亮别人，让别人容易看到我，不会撞到我。这样，我既保护了自己又保护了别人。"

分享是一件神奇的事情，它使快乐增大，它使悲伤减小。果农和喜鹊分享食物，盲人和路人分享光明，分享并没有让他们

减损什么，反而让他们收获更多。

｜ 亲子放大镜 ｜

　　雷雷有什么好东西只愿意和姑姑分享，老妈对此"颇有微词"："什么东西都要给姑姑吃，爷爷奶奶要尝尝都不给，这孩子白疼了。"其实，雷雷原来是很大方的，有好吃的都愿意和爷爷奶奶分享。但爷爷奶奶却经常逗他："好吃的也给爷爷奶奶分点啊！"孩子的手马上递了过去，他们赶紧又说："爷爷、奶奶不吃，你自己吃吧！"几次之后，孩子就不再当回事儿了。而当他和姑姑分享时，姑姑会道谢并真的与他分吃，还夸他的东西好吃，雷雷也乐得与姑姑分享。爷爷奶奶还说姑姑："大人怎么还吃孩子的东西！"

≈ **妈妈提问** ≈
同样是找孩子要吃的，为什么雷雷会对姑姑另眼相看？

≈ **海马爸爸说** ≈
　　孩子的心是单纯而美好的，他会把成人世界的每个要求都当真。作为成人，最重要的是尊重孩子的这份单纯和美好，而不是为了好玩或者表示亲昵逗弄孩子。生活中很多对待孩子看似搞笑的无意之举，背后却是对孩子深深的不尊重。爱孩子，就请将他作为一个平等的人来对待。

海马大课堂

家长们都愿意给孩子讲孔融让梨的故事，有时还借着故事对孩子旁敲侧击，希望他能像孔融一样谦虚、慷慨、懂事。比如跟宝宝要吃的，我们经常听到这样的话，"宝宝，把你的苹果给奶奶吃一口吧。"如果宝宝同意了，有的家长会说："宝宝真乖，你吃吧，奶奶不吃。"如果不给，则说："你怎么这么小气啊，我不喜欢你了。"很多家长可能无意中都做过这样的事情，即要么在孩子与你分享的时候谢绝，要么在孩子"小气"的时候批评指责。

首先，谢绝是不对的。当孩子应你的要求把好吃的东西分给你吃的时候，他是真心以为你需要或者你喜欢这个东西，并且会因为能把东西分给你而感到快乐。**你的谢绝会使孩子感到失落、被戏弄**。就跟"狼来了"的故事一样，当下一次你或者别人再向他要东西的时候，他也许就会为了防止被戏弄而拒绝与人分享。本来是一个"大方"的孩子，也由此变成了"小气鬼"。

其次，给孩子贴标签，会挫伤孩子的自尊心，甚至会使他产生抵触心理，变得越来越"小气"。所以，面对"小气"的孩子，不能简单地批评，而要通过各种方法，比如限制时间，一个玩具，他先玩10 分钟，然后让别的孩子玩 10 分钟。让孩子明白，与别人分享玩具不等于永远失去玩具；或者角色互换，如果孩子经常对分享说"不"，那么不妨考虑与孩子互换角色。与孩子一起玩耍，当孩子想要你手中玩具的时候，你就说"不"。当小家伙感觉心烦时，你不妨晓之以理，让他明白"只有学会与小朋友分享玩具，大家才能开心地一起玩"。向他逐步表现和传达分享的行为与观念，从分享中感受到快乐和成就。这样，他就会慢慢"大方"起来。

　　在西方社会学会与他人分享是一个小孩子从小就学习的美德，也是重要的社交能力之一。分享行为可以帮助幼儿赢得玩伴，使幼儿在活动和交往的过程中更好地获得言语表达、人际交流等技能，成年后也能更好地融入社会，建立良好的人际关系，确保心理健康，避免形成自私、任性、冷漠等不良个性。

　　孩子的分享意识应该从小培养，但也不能操之过急，对孩子要求过高。蒙台梭利教育理论认为**儿童在 6 岁前都是自私的，并不能真正理解"分享"的含义**。瑞士一项研究也显示，人在幼年时期通常表现自私，直到七八岁才懂得与人分享。不过可以教一些基本规则，比如"玩具大家轮流玩""她先玩，然后轮到你""玩具你不玩了，就让别的小朋友玩吧"。

　　需要提醒注意的一点是，不能强迫孩子分享。当孩子不乐意分享的时候，千万不能抢过他手里的东西，硬塞给其他小朋友。这种行为会破坏他的安全感，造成可以抢别人东西的印象，而且会让孩子厌恶分享行为。告诉孩子，与小伙伴一起玩的时候，不要把自己珍爱的东西拿出来炫耀。

第19课
善待这个世界

有一个男孩脾气很坏，于是他的父亲就给了他一袋钉子，并且告诉他，每次发脾气或者跟人吵架的时候，就钉一根钉子在后院的篱笆上。

第一天，男孩钉了 37 根钉子，钉得手都酸了。男孩想着，明天要少发几次脾气才行了。

后面的几天男孩试着控制自己的脾气，慢慢地每天钉下的钉子数量减少了。他发现，控制自己的脾气比钉钉子要容易得多。终于有一天，这个男孩再也不会失去耐心乱发脾气，他高兴地把这件事告诉了爸爸。

爸爸说："从今以后，如果你一整天都没有发脾气，就可以在这天拔掉一根钉子。"

日子一天一天过去，最后，钉子全被拔光了。

爸爸带他来到篱笆边上，对他说："儿子，你做得很好，可是看看篱笆上的钉子洞，这些围篱永远也不可能恢复了。就像你和一个人吵架，说了些难听的话，你就在他心里留下了一个伤口，像这个钉子洞一样。"

插一把刀子在一个人的身体里，再拔出来，伤口就难以愈合了。无论你怎么道歉，伤口总是在那儿。**话语的伤痛就像真实的伤痛一样令人无法承受。**

朋友是你宝贵的财产，他们让你开怀，让你更勇敢。他们总是随时倾听你的忧伤，你需要他们的时候，他们会支持你，向你敞开心扉。朋友、家人之间比起因为一些小争执就恶言相向、彼此伤害，导致渐行渐远，事后又悔不当初，倒不如宽容大度一些，帮别人开启一扇窗，也让自己能够看到更完整的天空。

亲子放大镜

"别人打你，你也打他，打不过就

咬。""咱们宁可赔钱，也不能吃亏。"这是现在很多父母在教育小孩子时经常说的话。或许在父母看来，"从小不吃亏"才能更好地保护自己。"人善被人欺"的思想让父母们忽视了对孩子进行善良教育。

生活中，许多父母往往对给孩子进行一些特殊的教育，例如灌输"社会如何尔虞我诈""人与人之间如何勾心斗角"等。也许父母的本意没有错，即告诫孩子学会保护自己，小心上当。可是，这种教育的尺度却很难把握，试想如果在父母本身带有偏颇甚至错误的情况下引导孩子，那么，我们将在孩子心中埋下什么样的种子？

德国是引发两次世界大战的"罪魁祸首"，所幸的是，德国各阶层能够深刻地反思这段历史，甚至因此格外重视对孩子善良品质的培养。在孩子刚刚蹒跚学步时，不少德国家庭就特意喂养了小狗、小猫等小动物，让孩子亲自照料以便学会体贴入微地照顾弱小的生命。幼儿园也饲养了各种小动物，由孩子们轮流负责喂养，还要求注意观察它们的成长、发育和与它们游戏，有条件的还需做好"饲养记录"。

法兰克福曾发生过这样一件事：一个孩子粗暴地将一位上门乞食的流浪者赶走，全家人对此事极为重视，并且郑重其事地召开了一次家庭会议。大人们严肃认真又耐心细致地启发孩子：流浪者尽管穿着邋遢，但同样享有人的尊严。这使孩子明白了这样一个道理：**仰慕强者也许是人之常情，而同情弱者更是美好心灵的体现。**

海马大课堂

有的孩子脾气特别暴躁，还喜欢打人，不顺着他的意思就大吵大闹，让家长们束手无策。反思一下孩子脾气暴躁的原因，大多是家长常在孩子面前发脾气、吵架，给孩子做了不好的示范。所以要培养孩子的好脾气，首先得从家长做起，家长要学着控制自己的脾气，每次想发火吼孩子之前，逼自己"等一分钟"，冷静下来之后再和孩子说话。**学着容忍孩子的偶尔无理，不去苛求孩子"完美"。**

孩子在公众场合发脾气，不必慌乱，不要因为怕丢面子，就随便答应孩子的无理要求。而且一次也不能妥协，孩子的坏脾气都是惯出来的。

当你对孩子说"不行""不能做"时，孩子往往不会马上放弃他的行动，他会一边看着你，一边继续试探你是否真的不让他做。这时，你应该果断地走过去，把孩子抱到一边，让他做别的事；而不是继续坐在那里，重复说着"不行"，持续与孩子较量。孩子从你果断的态度上，可以知道这件事是真的不能做。

当然，也要给孩子一些权利，不要想着去控制他。看看当今中国，多少家庭正在上演控制与反控制的悲剧。父母和孩子你方唱罢我登台，家庭"战乱"不休，孩子成了最大的牺牲品。为什么会上演这样的家庭悲剧呢？原因有二：一是父母自认为生养孩子有功，就想控制、命令孩子，而孩子不愿受人控制，便与父母发生了激烈的冲突；

二是孩子自认为地位特殊，对家人颐指气使、发号施令，致使父母忍无可忍，与孩子发生激烈的"战争"。这种家庭成员地位不平等引发的"战争"对孩子的影响非常大，父母和孩子冲突不断，孩子能有好性情吗？要想孩子性情好，父母首先应当明白：**父母只有培养、教育孩子的义务，没有控制、命令孩子的权利；孩子的地位不比父母高，也不比父母低。**父母从小就充分倾听、尊重孩子的意愿，让孩子也明白，他是家庭的一员，和父母一样，有说话、表态的权利。父母和孩子地位平等，谁都别想支配、控制谁，双方要互相尊重。

第20课
拒绝也是一种智慧

家教故事

　　有一只善良的蜗牛，它独自生活在树林的一丛野草的深处。它的生活很有规律，每天早上醒来以后，就驮着它的小房子，从草丛深处爬出来，就着露水吃一些草叶。然后再绕着这丛野草转一圈，当然了，它转这一圈下来，就已经到中午了。之后它再吃一些草叶，再转一圈，这就快要到傍晚了。这只蜗牛会用最快的速度，再吃一些树叶，然后爬回草丛的深处，钻进自己的小房子里，一觉睡到第二天早上。

　　这只善良的蜗牛就这样日复一日地生活着，从来也没有改变过。

　　可是某一天，蜗牛刚刚吃完晚餐，正准备回草丛里睡觉，因为今天的月亮被一片乌云遮住了，所以蜗牛就抱怨了起来："哎，这该死的乌云，把月光都遮住了，害得我还要摸着黑往回走，真是影响我的速度。"

　　正在蜗牛用头上的两个触角探着路，慢慢地爬着的时候，从另一个草丛飞过来一只萤火虫，它闪着光，快速地向蜗牛这边飞过来。飞着飞着，它看见蜗牛正在一边摆动着触角，一边慢慢地向前移动。于是，萤火虫就赶快飞了过去，对蜗牛说："蜗牛大哥，你怎么爬得这么慢呀，你是在寻找什么吗？"

蜗牛回头一看，是萤火虫发着亮光在和自己说话，就答道："不是在找什么，是今天夜里太黑了，我只有一边探路一边走了。"

"哦，是这么回事呀，没关系，我来帮你照亮吧，我之所以晚上出来，就是来帮助大家照亮的。"萤火虫使劲地闪动着翅膀，将屁股上的灯光弄得更亮了。

"那真是太谢谢你了，你可真是黑夜里的小天使呀！"蜗牛感激地说。

"不过蜗牛大哥，我也有一件事情需要你的帮忙，你能答应吗？"萤火虫说着，飞到了蜗牛的头顶上。

"哦，好吧，你说吧，只要我能做到的，我一定尽力帮你。"蜗牛说。

萤火虫一听蜗牛答应了，又向蜗牛靠近了一些，说："哦，您能帮我的，其实很

名人堂

不要害怕拒绝他人，如果自己的理由出于正当。当一个人开口提出要求的时候，他的心里根本预备好了两种答案。所以，给他任何一个其中的答案，都是意料中的。

——三毛

勉强应允不如坦诚拒绝。

——雨果

拒绝是一种权利，就像生存是一种权利。古人说，有所不为才能有所为。这个"不为"，就是拒绝。人们常常以为拒绝是一种迫不得已的防卫，殊不知它更是一种主动的选择。

——毕淑敏

简单，我的孩子就快要出生了，我想将它放在您的小房子里寄养一阵子，您知道，我每天还要去到那些没有光亮的地方帮别人照亮，风吹雨淋的，所以没办法总将孩子带在身边。而您的小房子里又遮风又避雨，我想，在我的孩子刚出生的这个阶段，把它托付在您这里，是最合适不过的了。"

听到萤火虫这样说，蜗牛想了想，说："放在我这里倒是没有关系，只是它的食物我可解决不了，我不知道它该吃些什么呢。"

"哦，您什么也不用给它吃，它在刚刚出世的时候不用喂食物，等它到了该吃食物的时候，我就会来将它接走的，真的。"萤火虫高兴地说着，屁股上的光更亮了。

"哦，那好吧。"蜗牛同意了萤火虫的请求。

于是，萤火虫就在蜗牛的小房子里产下了一个卵，然后使劲照着亮光，将蜗牛送回了草丛里。

起初，这个黄色的萤火虫卵对蜗牛的生活没有什么影响，因为它很小，而且也不用去照料。但这个卵越长越大，它已经长出了脚、嘴，还有牙齿。"怎么那只萤火虫妈妈还不来接它的孩子呢？是因为它的工作太忙了吗？"蜗牛心里想着。

这时，萤火虫幼仔咬了蜗牛一口，蜗牛看了萤火虫幼仔一眼，说："啊，疼死了，你是不是想你的妈妈了呢？好吧，我带你到外面去找一找。"说完，蜗牛就带着萤火虫的幼仔向草丛外爬去。

刚爬到草丛边，小房子里的萤火虫幼仔又狠狠地咬了蜗牛一口，蜗牛疼得缩回了小房子，它叫着说："哦，别咬我了，疼死了，我这就带着你去找你的妈妈。"

可是，这只萤火虫的幼仔理都不理蜗牛，还是一口接一口地咬着。蜗牛实在是忍受不了了，就大声叫着那只萤火虫妈妈，希望它能飞过来，接走自己的孩子。

可是，没有人回应它，蜗牛用尽了自己最后的一丝力气，也没有叫来那只在它房子里产下幼仔的萤火虫妈妈。

萤火虫的幼仔吃光了蜗牛的身体，自己也越长越大，最后，它变成了一只真正的萤火虫，从蜗牛的小房子里飞了出去，而那个小房子的主人，已经没有了一点儿踪迹。只留下那个空壳子，里面还回荡着蜗牛呼喊萤火虫妈妈的声音。因为这只蜗牛，至死都还想着要帮萤火虫的幼仔找到它那只乐于助人的妈妈呢。

这虽然只是个童话故事，但它告诉我们一个道理：**善良不能没有原则，善良用在了错的地方会给自己招来祸害。**

亲子放大镜

胖胖是个腼腆内向的孩子，他从不和小朋友争东西，哪怕是他自己的东西，只要别人要玩，他就会默默放弃。

这天，胖胖又拿着自己的滑板车出去玩了。其他小朋友都对胖胖的小车很感兴趣。胖胖就让小朋友玩，自己则站在旁边干巴巴地等，看着小朋友一个一个轮番上车，胖胖的脸上写满了无奈。好不容易车子还回来了，可胖胖的手刚握住他的小车，脚还没有跨上去，又有一个小孩叫着要玩。这孩子的奶奶不由分说就把孙子抱上小车，推着就走。

在旁边看着的胖胖妈妈气不打一处来，想自己的孩子怎么这么窝囊，自己的东西自己都玩不上，如果被掠夺的次数多了，胖胖肯定会越来越惧怕别的小朋友，这会让胖胖更内向。想到这儿，妈妈直接走到胖胖旁边，替胖胖吆喝着把车子要了回来。那孩子的奶奶还嘀咕了一声："没见过你这么小气的妈。"其他小朋友一看胖胖妈妈在身旁，都退到了一边。

妈妈大声对胖胖说："瞧你这个熊样，自己的东西，你想玩就玩，不想玩就不玩，怎么自己的东西反而被别的孩子抢来抢去，自己都玩不上！"胖胖好像有一种无形的压力，他低着头，一声不吭。虽然，后来胖胖玩着自己的滑板车，可他并不开心。

≈ 海马爸爸说 ≈

"拒绝"是个中性词，但是在生活中，我们常常会不自觉地对这个词持有一些情感倾向：拒绝意味着冷漠，意味着不近情理；被拒绝意味着失败，意味着遭到不公平对待……"拒绝"比"接受"带给人们更多的生硬甚至沮丧的感觉。

虽然，中华民族一向倡导谦让的美德，但是，如果孩子非常不愿意，却要让孩子故作谦让，忽视自己的需求和权益，去满足他人的需求和权益，这对孩子的成长也是没有好处的。拒绝和接受其实是一枚硬币的两面，我们在接受的同时也选择了拒绝。孩子在与小朋友自主交往的过程中，能学会有效地拒绝别人，也能学会友好地与他人相处，这同样是孩子成长过程中不可缺少的一种经历。

海马大课堂

善良是一种难能可贵的品质，**我们要教会孩子爱和善良，也要教会孩子保护自己**，学会拒绝别人。你的孩子是否懂得拒绝别人？即便他心里不情愿，可嘴上还是会答应？他可能患有"取悦症"。

"取悦症"是一种强迫的甚至成瘾的行为模式——对他人的认可上瘾。为了始终保持好人形象，取悦者尽力不表现出愤怒和不悦，不管这样的情感表露多么正当，而且，他们会避免批评别人，心理学家把这叫作"冲突避免"，他们会把对抗和愤怒看作危险的情感体验。

深究孩子"患病"的原因，是他的自我界限，从幼儿期开始就被家长的教育方式摧毁了。虽然他非常不情愿，爸爸妈妈仍会让孩子将喜欢吃的东西、喜欢玩的玩具与小朋友一起分享。渐渐地，当自己的需求与别人发生冲突时，孩子就会采取退让态度。这样的教养环境致使他养成压抑自我，一味地迎合他人需要的习惯，陷入无法说"不"的不良沟通模式之中。为了避免拒绝他人引起敌意，他们从幼年时代便戴上友善的面具，只考虑他人而忽略自己。这种不满和积怨长期压抑在心中，若得不到疏导和调适，迟早会以较为激烈的方式爆发出来。

自我界限是指在人际关系中，个体清楚地知道自己和他人的责任和权利范围，既保护自己的个人空间不受侵犯，也不侵犯他人的个人空间。如何帮助孩子建立清晰的自我界限？

　　当孩子开始发展自我意识，有了"我"和"其他人"的界限时，父母就要帮助孩子划定自己与他人的界限了。大概在宝宝两三岁的时候，对物主代词的掌握，让他们对事物所有权有了一定的了解。他们对很多东西都喜欢冠以物主代词"我的……"，比如我的玩具、我的床、我的房间等。他们开始逐渐形成自己与他人的界限，有的孩子突然对大人随意动"我的"东西，变得十分介意。如果这时候家长责备孩子，并强迫孩子与他人分享，就会破坏孩子的自我界限意识。在将来的类似情形中，孩子为了获得赞扬并避免遭受责备，也会采取压抑自己的退让原则。因此当孩子表达"不"时，家长应给予理性的支持。

　　没有清晰自我界限的孩子，也往往看不到别人的界限。对于一些因此而出现侵略性行为的孩子，家长应该帮助孩子观察和感受，他们的一些行为会对他人造成怎样的影响，并引导孩子理解什么是适当的行为。譬如，当孩子大吵大闹时，家长应当告诉孩子"这样会对别人有什么影响？""我们应该怎样做？"，帮助孩子形成自己的判断，建立行为处事的准则。

5

PART

情商决定人气

学校教育重在增长孩子的知识，提高智商，如此一来，发展情商的任务就更多地落在了家庭教育上。家长的目光不应停留在孩子的分数上，助长应试教育，而应该在他的能力上，他需要更多的经历。

第21课
魅力源于自信

有个小男孩头戴棒球帽，手拿球棒和棒球，全副武装地来到自家后院。

"我是世界上最伟大的打击手。"他自信满满，把球往空中一扔，用力挥棒，但却没有打中。

他毫不气馁，又往空中一扔，大喊一声："我是最厉害的打击手。"

他再次挥棒，可惜又落空了。

他愣了半晌，仔仔细细地将球棒和棒球检查了一番。

他站了起来，又试了一次，这次他仍告诉自己："我是最杰出的打击手。"

然而他第三次尝试又落空。

"哇！"他突然跳了起来，"原来我是第一流的投手！"

也许你会笑这个男孩很傻，不明白他哪里来的自信，**相信自己，**

本来就不需要理由。

　　爱因斯坦的"相对论"发表以后，有人曾创造了一本《百人驳相对论》，网罗了一批所谓名流对这一理论进行声势浩大的反驳。可是爱因斯坦自信自己的理论必然会取得胜利，对反驳不屑一顾，他说："如果我的理论是错的，一个反驳就够了，一百个零加起来还是零。"他坚定自己的想法，刻苦研究，终于使"相对论"成为 20 世纪的最伟大的发现之一，举世瞩目。

亲子放大镜

　　琪琪，10 岁，性格内向，在家健谈，话很多，也爱笑。一到外面包括学校就像变了一个人，不爱说话，不主动表达观点，不轻易发表看法，人多的地方很紧张，有一次老师让她到讲台发言居然哭了。

≈ **妈妈提问** ≈

　　孩子这样，以后出社会怎么办？能独立吗？

名人堂

　　自尊不是轻人，自信不是自满，独立不是孤立。

——徐特立

　　我只有一个忠告给你，做你自己的主人。

——拿破仑

　　对取胜有自信心而不介意于暂时成败的人，没有所谓失败！对怀着百折不挠的坚定意志的人，没有所谓失败！对别人放手，而他仍然坚持；别人后退，而他仍然向前冲的人，没有所谓失败！对每次跌倒，而立刻站起来；每次坠地，反而像皮球一样跳得更高的人，没有所谓失败！

——雨果

≈ 海马爸爸说 ≈

其实，看到这个问题，我特别能理解这位家长，同时也特别理解孩子。从家长的角度，我们看到孩子似乎内外表现不一致，对孩子而言，似乎对上台发言充满了恐惧。一般而言我们可以从两方面来看：能力和动力。因为在问题中家长说到孩子平时健谈，话多，说明孩子还是具备了这样的能力，所以下面我们主要聊一聊动力部分。

在案例中我看到的是一个焦虑的家长和一个需要支持的孩子。家长首先要做的就是对孩对孩子的行为和情绪表示认同与接纳，当孩子说在学校不想回答问题时；当孩子因为不敢回答问题而紧张得哭泣时；当孩子手足无措的时候，家长需要心平气和地对孩子说："爸爸妈妈能理解你，不想回答就不回答吧，我也能感受到你的紧张，妈妈爸爸小时候也有过这样的经历，长大了慢慢就好了。"再问问孩子是否有需要帮助的地方，不要埋怨孩子。

海马大课堂

在工作中经常看到这样的孩子：他们在熟悉的环境中好像很开朗，和家人在一起滔滔不绝且声音洪亮，但一遇到陌生环境或人就变得很羞怯，不敢开口说话或声音很小。我们通常形容这类孩子性格内向，其实他们是缺乏自信和安全感。

一般说来，**孩子缺乏自信心，是源于家长对孩子过度关爱和保护，或是对孩子斥责和批评过多。**家长的这两种教育方法虽然不同，其教育结果都是一样，那就是使孩子失去了自信心。

孩子面对陌生人的自信主要来自安全感，安全感是儿童成长过程中非常重要的感觉，它来自胎儿期就开始的母子关系，在出生后通过依恋关系逐渐建立完善，并随着儿童感知觉的发展逐步扩展到父母以外的陌生人，成为社交关系的基石。孩子缺乏安全感的原因可能有多种，如家庭对孩子的过度关爱或成长过程中受到过陌生人的伤害等。如果是和家庭有关的，就要纠正关爱过度，给孩子适度的成长空间。有的父母（包括爷爷奶奶外公外婆）会把孩子照顾得无微不至，时刻关注孩子需要什么，在孩子表达前就按自己的判断给了孩子，甚至把家以外的世界描绘得很凶险，这些都是关爱过度的表现，表面上把孩子照顾得很好，实际上却造成孩子不自信。

培养孩子的自信，父母可以试着多跟孩子说这 10 句话：

1. "我们在你身边。"孩子需要被父母保护，但父母的保护做不到全方位无死角，不可能将所有的危险和不友善的眼光屏蔽。因此，你们的任务就是帮助孩子一天天地学会更好地照顾自己，学会面对风险，避免陷入可预见的困境当中。只有这样，孩子才能够学会面对真实的生活。

2. "我能看到你的好。"人与人对话的过程中，很多信息是通过眼神传递的，不要以为孩子小不懂事，他完全能够从你眼中读懂那些没有被说出来的话。因此，如果你偶尔对孩子表示失望和愤怒是可以理解的，但是如果你的眼睛里只有孩子的弱点，那么就会对他产生不好的影响。有时候，**换一种角度看孩子，让你的态度适应孩子的脾气和方式**，也许你会发现，其实没有什么大问题。

3. "我理解你。"让孩子相信父母理解他和他的行为是好的亲子关系的基础，但理解并不意味着将冲突、错误、缺点掩盖起来。你应该让孩子认识到自己的错误，引导他去思考和改变。孩子就是孩子，所以他会在游戏中作弊、欺负小妹妹、不让别人动他的玩具。但是在你的帮助下，他终有一天会处理好各种情况。

4. "我们谈谈你的感受。"孩子的感情丰富，情绪波动剧烈，他常常自己都不清楚心里为什么不舒服。总之，就是不高兴。因此，**你最好的对策就是将孩子的乖张感觉当作正常表现**，不要反感和反应强烈。暴风雨过去之后，你可以通过与孩子交谈，帮助他理解和识别刚才的感受，并且找到解决办法。

5. "你行的。"孩子对掌控未来生活方面的信心，很大程度上来自于父母的信任感，你可以经常带着孩子乐观地展望未来，积极地回顾过去："你还记得你当时学骑车吗？虽然摔了很多次，可是现在你骑得

多好呀。"

6."你可以尝试改变。"孩子有时也会对自己不满意，试图改变自己，这时他会需要你的帮助，在他松懈的时候鼓励他。

7."我们原谅你犯错。""尝试、错误、再尝试"是孩子成长过程中最正常的反复，杯子摔碎在地上了，手工作业没有做好？你可以对他笑一笑，轻松对待。如果你不允许孩子出错，那么他就会越来越紧张，慢慢地用沮丧的眼光看世界。

8."我相信你可以管理自己。"随着孩子的长大，你应该慢慢地给他些权利。比如他的房间他自己说了算，他的零用钱可以由他自己支配一部分。让孩子明白什么叫"我决定，我负责"。

9."这些事你可以自己做做看。"随着孩子年龄的增长，你可以放手让他独自准备简单的水果、切蛋糕、去报亭买报纸。而且，从某一个时间开始，你可能不再知道孩子所有的事情，因为孩子也需要有秘密，只有这样，他们才能长大。

10."你会和别人相处得很好。"什么时候用"你"，什么时候称呼"您"，和爷爷奶奶怎么说话，对老师用什么态度，什么时候可以开玩笑，什么时候必须严肃，好朋友打架了该怎样劝……这些经验都是孩子从你、你家、你们周围的世界中模仿而来的。所以，鼓励孩子走出去，告诉他要用友好、尊敬的态度对待别人，并且在孩子需要的时候成为坚强后盾，是你的责任。

第22课
有一种尊重叫平视

| 家教故事 |

　　一天下午，一位穿得很时髦的中年女人带着一个小男孩走进美国著名企业"亚联集团"总部大厦楼下的花园，他们坐在一张长椅上，女人不停地在跟男孩说着什么，一脸生气的样子。

　　不远处有一位白发苍苍的老人正在打扫垃圾。小男孩终于不能忍受女人的大声责骂，他伤心地哭起来。女人从随身挎包里揪出一团白花花的卫生纸，为男孩擦干眼泪，随手把纸丢在地上。老人瞅了中年女人一眼，她也满不在乎地看了老人一眼，老人什么话也没有说，走过来捡起那团纸扔进一旁的垃圾桶内。女人不停地责骂，男孩一直都没停止哭泣，过了一会儿，女人又把擦眼泪的纸扔在地上。

　　老人再次走过来把那团纸捡走，然后回到原处继续工作。老人刚刚弯下腰准备清扫时，女人又丢下了第三团卫生纸。就这样，女人一共扔了六七团纸，老人也不厌其烦地捡了六七次。女人突然指着老人对小男孩说："你都看见了吧！如果你现在不好好上学，将来就会跟他一样没出息，做这些既卑贱又肮脏的工作。"老人依旧没有动怒，他平静地对中年女人说："夫人，这个花园是亚联集团的私家花园，按规定只有集团员工才能进来。"

女人理直气壮地说道："那是当然，我是'亚联集团'所属一家公司的部门经理，就在这座大厦里上班！"边说边拿出一张名片丢在老人的身上。老人从地上捡起名片，扔进了垃圾桶，并且从口袋里掏出手机拨了一个电话。女人十分生气，正要理论时，发现有一名男子匆匆走过来，恭恭敬敬地站在老人面前。老人对男子说："我现在提议免去这位女士在'亚联集团'的职务！""是，我立刻按您的指示去办！"那人连声应道。老人说完后径直朝小男孩走去，温和地对他说：**"人不光要懂得好好学习，更重要的是要懂得尊重每一个人。"**说完后，就朝大厦走去。

中年女人由生气变成了惊讶，她认识这个男子，他是亚联集团分公司的总监。"你，你怎么会对一个清洁工毕恭毕敬呢？"她惊奇地问道。男子用同情的眼光看着女人说道："他不是什么清洁工，而是亚联集团的总裁。"中年女人一下子瘫坐在长椅上。

亲子放大镜

相信很多家长都发现，现在的孩子会有一点"势利眼"的倾向，比如，谁家的孩子打扮得比较漂亮、用的文具比较高级，他身边聚集的朋友就会多一些，大家都对他好一些。而家庭相对比较贫困的孩子，在学校可能就会遭遇冷淡的对待。甚至有些家长明确要求自己的孩子，不要和那些乡下的孩子一起玩，"脏兮兮的"。也有要求自己的孩子不要和学习成绩差的孩子一起玩，"成绩会变差"之类的。急功近利的社会风气已经蔓延到校园，人和人之间交往都戴着一副有色眼镜，没什么真诚可言。

成成是个有点"势利眼"的孩子，他不懂得平等待人。平时在班里，他只跟家住城市的同学来往，不跟那些来自农村的同学来往；只跟学习成绩好的同学来往，不跟那些学习成绩差的同学来往。他的这种做法，大家看在眼里，都深感不满，尤其是一些来自农村的学生，他们感觉自己受到了成成的歧视，心里很不服气。也因为成成对他们的"歧视"，他们也不同成成说话。

在家庭生活中，成成也是这样，平时对待他那些有钱有势的叔叔阿姨就很亲切，见了面后小嘴特甜，一口一个"叔叔"、一口一个"阿姨"地叫，叫得人心情都变愉悦了。而对于他家里的那些穷亲戚，他则看不上眼，既然看不上眼，那就也没有这么热心了，见了他们时，成成都是爱理不理的，其表现简直可以用"判若两人"这个词来形容。

≈ 海马爸爸说 ≈

孩子出生的时候，就像一张白纸，一切的图案都是家长和学校一笔一笔给他涂抹上去的，如果家长给孩子画的是鲜花，那么在孩子的眼里他人也就是鲜花，就不会有明显的势利的情况发生。所以，家长在处理孩子势利眼的情况时，首先应该检讨自己的行为是否给孩子造成了影响。

在我们周围，有富有者也有贫弱者，有我们熟悉的朋友，也有陌生的路人。尽管人与人之间总是存在着各种各样的差异，比如家庭状况、社会地位、个人素质等，但每个人在人格上都是平等的，每个人都拥有同等的权利和尊严。衡量朋友的标准是平等、是真心，不是家庭状况或者成绩好坏。家长应当教育孩子用真心去对待每一个身边的人。

海马大课堂

"无论孩子成为什么样的人，我都希望他对人宽容、慷慨大方、善于沟通，有家庭的观念，并且能努力追求成功！"这是当我们询问父母希望给孩子传递什么样的价值观的时候，大家回答的总结。

　　"尊重别人"经常被父母们列为首要的品质。**教育孩子学会平等待人，是一个漫长而渐进的过程。** 孩子是通过观察父母的具体行为来学习如何待人接物和为人处世的，回想一下，你是不是会礼貌地对人说"再见""谢谢""请""对不起"？大家都在排队的时候，你是不是也在一边等待？别人正在说话的时候，你有认真倾听而不是莽撞打断别人吗……要让孩子学习尊重别人，那么，首先家长要以身作则。用实际行动告诉孩子哪些行为表示对别人的尊重、哪些行为表示不尊重。

　　引导孩子在态度上尊重别人。比如老师讲课、同学发言时，要注意倾听。

　　从生活细节上尊重别人。比如孩子如果蓬头垢面，不仅有损自己

的形象，也是对老师的不尊重；守时也是一种尊重，和别人约好时间做什么，准时赴约。

尊重他人的意愿。孩子平时读什么书、唱什么歌、课余时间怎么安排，父母可以给孩子提建议，但绝不可以把个人喜好强加到孩子身上。同样，在学校，孩子不能影响其他同学学习和活动，如果孩子自己不去学习还影响别人，这就是不尊重别人学习权利的表现。凡事不要强迫别人。尤其是当同学的想法跟自己的想法发生冲突的时候，不要将自己的想法强加到别人的身上，要学会尊重别人的意愿。

还有很重要的一点就是**教会孩子尊重普通的劳动者**。孩子经常出现倒剩饭、乱洒水、乱扔果皮纸屑的行为，都是不好的表现。父母应让孩子适当地参与劳动，当他体会到劳动的辛苦时，才会尊重他人的劳动成果。

当然不排除有"坏孩子"存在，我们不可能要求孩子无原则地亲近所有人，教育孩子平等待人的同时也要教会孩子明辨是非。我们疏远一个人不是因为他穷，看起来邋里邋遢，而是因为他做了错事。

第23课
自控力是训练出来的

家教故事

一个商人需要一个小伙计，但他的招聘启事内容比较特别："招聘一个能自我克制的男士。每星期 40 美元，合适者可以拿 60 美元。"求职者一看，待遇不错，要求也很简单，只要"能自我克制"就可以了，一个个都跃跃欲试。

每个求职者都要经过一个特别的测试。卡特也来应聘，排在他前面的 70 个人都失败了，卡特有些忐忑，商人问他：

"能阅读吗？"

"能，先生。"

"你能读一读这一段吗？"商人把一张报纸放在卡特的面前。

"可以，先生。"

"你能一刻不停顿地朗读吗？"

"可以，先生。"

"很好，跟我来。"商人把卡特带到他的私人办公室，然后把门关上，对卡特说，"你可以开始了。"

阅读刚一开始，商人就放出 6 只可爱的小狗，小狗围在卡特的脚边一直蹭，卡特还是坚持读完了报纸上的文字。商人有些意外，他问卡特："你在读书的时候没有注意到你脚边的小狗吗？"

卡特答道："是的，先生。"

"我想你应该知道它们的存在，对吗？"

"对，先生。"

"那么，为什么你不看一看它们？"

"因为您告诉过我要不停顿地读完这一段。"

"你总是遵守你的诺言吗？"

"的确是，我总是努力地去做，先生。"

商人在办公室里来回走着，突然高兴地对卡特说道："你就是我要找的人！"

原来，前面的应聘者经受不住诱惑要看看可爱的小狗，视线离开了阅读材料，所以被淘汰了，而卡特通过自我克制战胜了诱惑，如愿得到了这份工作。

名人堂

如用几句话来表达家庭教育学的全部精华，那就是要使我们的孩子成为坚定的人，能严格要求自己。我在这里似乎有点夸张地说：若请他参加婚礼，即使那里所有的人都喝成醉鬼，他母亲相信自己的孩子会清醒地回家。
——苏霍姆林斯基

①今日能做的事决不要推至明日。②自己能做的事决不要麻烦别人。③决不要花费还不曾到手的钱。④决不要贪图便宜而购买你并不需要的东西，这对你反而昂贵。⑤决不要骄傲。骄傲比饥饿、干渴和寒冷更有害。⑥不要贪食，吃得过少是不会使人懊悔的。⑦不要做勉强的事情，只有心甘情愿才能精益求精、不厌其烦。⑧不可能发生的事情决不要庸人自扰。⑨凡事要讲究方式方法。⑩当你气恼时，先数到十然后再说话；假如怒火中烧，那就数到一百。
——托马斯·杰斐逊

亲子放大镜

父母忙于生意，疏忽了对小军的管教，给零花钱倒是不含糊，孩子要什么给什么，这也导致了小军消费没有节制，有多少花多少。因为到处交朋友吃喝消费花了一两万，父母停了小军的零花钱，他就跟对自己好的姑姑、小姨借，仍旧对朋友出手阔绰大方。下面是我与小军的一段对话，征得同意与大家分享。

我：你现在手里还有钱吗？

小军：没了。

我：（对企鹅妈妈说）你给他拿一千。（这是在建立我和他之间的关系，让孩子感到自己被理解，增加信任感）

企鹅妈妈：（数了十张）刚好，今天才取的。

我：要相信我们。企鹅妈妈对他儿子都没这么大方（笑）。

企鹅妈妈：是，我就得控制。

小军：我钱包都空了，以前我钱包里最低 3000。

企鹅妈妈：你那些呢？上午还看见那么多钱呢！

小军：打过去了。

我：哪儿去了？

企鹅妈妈：他说把钱给朋友打过去了。

我：对，给朋友对的。但是交朋友……

小军：在我这儿没两天也花完喽，还不如给他呢。

我：交朋友也要注意，不要用酒肉结交朋友。

企鹅妈妈：星期一那个小伙子要是来喽，我给看看。

≈ 海马爸爸说 ≈

　　父母爱护孩子，为孩子创造优渥的物质生活，这无可厚非，但不是没有分寸地满足，孩子本来就缺乏自制力，父母还一味纵容，就会导致他越走越偏，等到回过神想管的时候，孩子已经不听你的了。这个时候打骂是无济于事的，我的做法是信任孩子、接纳孩子，一点一点地去了解、引导，没有强制的打压，没有言语的刻薄攻击，倾听孩子的心事，抱怨也好，愤怒也好，引导孩子慢慢转变态度，促使他主动规划，学会自我约束管理，孩子天性善良、有灵性，他隐藏的美好会一点点地被激发出来。

海马大课堂

　　心理学上有一个经典的糖果实验。20 世纪 60 年代，著名的心理学家瓦特·米歇尔在斯坦福大学的幼儿园做了一个软糖实验：实验者先给一群四岁孩子每人一粒糖果，说："你可以随时吃掉。但如果能坚持等我回来后再吃，那就会得到两粒糖。"说完，实验者就离开了。在这个过程中，有些孩子很快就把糖吃了，也有些孩子坚持等到实验者回来，最终得到事先许诺的两粒糖。

　　此后，实验者再对这些孩子进行跟踪研究，一直到他们高中毕业。

最后发现，等待时间长的孩子在学业上的成功远超等待时间短的孩子：他们的 SAT（美国大学入学考试）分数比那些等待时间短的孩子高出了 210 分（当时 SAT 满分为 1600 分）。事实上，这些等待时间长的小孩，不仅仅是在学习成绩上有更佳的表现，而且他们社交能力更强，说话更流利且有条理，显得更聪明和自信。

糖果实验表明，**自控力比智商更有助于学习成绩，比情商更有助于社会交往**。从这个角度来看，自控力就是孩子自我成长的"秘密武器"，虽然我们看不见、摸不着，但时时处处都在影响孩子的成长和发展。

对于幼儿园和小学生家长来说，最头疼的事情不是孩子的智商不高、情商不够，而是做事容易分心，无法集中注意力，上课总是坐不住。后者的关键影响因素就是孩子的自控力。当孩子发展起自控能力

以后，他们就能控制冲动，会等待并延期行为，忍受挫折，延迟满足，并开始尝试制订计划并执行计划。不过，两岁以下的婴儿还不具备自控力。在大多数孩子中，**自我管理的全面发展至少要到三岁时才开始。**

对于发展孩子的自控力，我们应该从哪些方面入手呢？

第一，延迟满足。当孩子提出某种要求时，家长可以延迟满足他们的需要，等过一段时间再实现他的愿望。让孩子在等待的过程中培养耐心，这是自我控制力形成的前提。

第二，合理宣泄情绪。自我情绪的控制是自控能力的重要内容。孩子控制情绪的能力较弱，难免会有发脾气的表现，父母不能压抑孩子情绪，要为他们提供合理的宣泄途径如运动、大喊等，让孩子的情绪得到有效疏导，更好地控制自己。

第三，培养孩子的规则意识。家长可以从生活常规着手，制定规则如按时起床、睡觉、不挑食等。家长长期坚持一贯的要求，孩子就会逐步约束自己。除了生活常规，父母还可以给孩子订立一些规矩并坚决执行。对于孩子表现良好的自控行为，要给予及时的表扬和鼓励，树立孩子的自信心；对于孩子的不良表现，要给予耐心的说服教育，切忌一味地训斥、压制。

第四，通过游戏提高孩子的自控能力。游戏中常常蕴含着规则，孩子通过这种有趣的形式，更容易形成自控能力，让孩子在游戏中学会控制自己，进而产生自我控制的意识。

第24课
应变是一种生存能力

一个女儿对父亲抱怨她的生活，抱怨事事都那么艰难。她不知该如何应付生活，想要自暴自弃了。她已厌倦抗争和奋斗，总是一个问题刚解决，新的问题就又出现了。

她的父亲是位厨师，他把她带进厨房。他先往三只锅里倒入一些水，然后把它们放在旺火上烧。不久锅里的水烧开了。他往第一只锅里放些胡萝卜，第二只锅里放只鸡蛋，最后一只锅里放入碾成粉末状的咖啡豆。他将它们浸入开水中煮，一句话也没有说。

女儿咂咂嘴，不耐烦地等待着，纳闷父亲在做什么。大约20分钟后，他把火关了，把胡萝卜捞出来放入一个碗内，把鸡蛋捞出来放入另一个碗内，然后又把咖啡倒入一个杯子里。做完这些后，他才转过身问女儿："亲爱的，你看见什么了？""胡萝卜、鸡蛋、咖啡。"她回答。

他让她靠近些并让她用手摸摸胡萝卜。她摸了摸，注意到它们变软了。父亲又让女儿拿出鸡蛋并打破它。将壳剥掉后，她看到的是只煮熟的鸡蛋。最后，他让她喝了咖啡。品尝到香浓的咖啡，女儿笑了。她疑惑地问道："父亲，这意味着什么？"

他解释说，这三样东西面临同样的逆境——煮沸的开水，但其反应各不相同。胡萝卜入锅之前是强壮的、结实的，毫不示弱；但进入开水之后，它变软了、变弱了。鸡蛋原来是易碎的，它薄薄的外壳保护着呈液体的内脏。但是经开水一煮，它的内脏变硬了。而粉状咖啡豆则很独特，进入沸水之后，它们倒改变了水。"哪个是你呢？"他问女儿，"当逆境找上门来时，你该如何反应？你是胡萝卜，是鸡蛋，还是咖啡豆？"

亲子放大镜

阿雅在广州工作，但是老家在武汉，女儿融融也生在武汉，直到八个月大才跟妈妈一起来广州和爸爸全家团聚。阿雅本来很思念女儿，可看到融融来到广州的新家后晚上常常哭闹，对于一切好陌生的样子，就感觉很不放心，非常焦虑，甚至想着："要不还是让她回老家去？"

现在，小两口在一个城市，孩子的爷爷奶奶、外公外婆在另外地区的家庭越来越多，新移民的"候鸟宝宝"甚至成为一个普遍现象。即使经常在同一个城市，如果父母繁忙无暇照顾孩子，"换保姆"也是小家庭经常要遇到的问题。

≈ 妈妈提问 ≈

希望孩子能到一个更好的环境，上好的学校，但又担心孩子适应不了新环境，会变得自闭，我该怎么选呢？

≈ 海马爸爸说 ≈

一般来说，与熟悉的人和环境分离后，孩子都需要一定的时间去适应，去重建安全感。环境的改变要注意适度。环境的改变对于孩子来说是一种刺激，适度的刺激对孩子认知能力的发展是有帮助的，比如，在不同的环境中，孩子会形成不同的体验，对大脑皮层的刺激也可以更加丰富、全方位。一般来说，如果家长经常带孩子到各种不同的环境，孩子就容易适应新环境，不会特别怕生。但如果这种刺激过多，孩子就会感到超负荷，从而产生生理、心理上的不适感。

对于婴儿来说，安全感的满足是最为重要的。家长常常以为刚出生的宝宝一无所知，可以比较容易适应新环境和新的照顾者，其实不然。事实上，婴儿的情绪感受能力在一出生就已经发展得比较完全了，有时甚至强过成年人。在离开自己熟悉的环境的时候，一般在一两天内，孩子在情绪上就会感觉到失落。而在环境和照顾者之间，照顾者的影响更重大。所以，即使不得已要更换物理环境，孩子的主要照顾者最好还要保持一致，否则会让孩子因失去安全感而哭闹。

海马大课堂

所谓"应变能力"就是考验孩子在遇到陌生环境或是事情的时候，是否还能够从容地应对，那么，作为家长，要如何培养孩子良好的应变能力呢？

第一，让孩子多参加有挑战性的活动。比如一些野营训练、模拟逃生游戏，孩子在模拟的游戏之中通过积极思考，动手实践来解决眼前困境。家长可以同孩子一起参与，必要时可以给予正确的引导和提示，在保证安全的情况下，不要阻止孩子冲锋在前，让孩子做一回"第一个吃螃蟹的人"，你会发现你家孩子的应变能力正是在这多次的实践锻炼和观察模仿中渐渐增强哦！

第二，经常向孩子提问，刺激他思考。孩子的好奇心和模仿力使得孩子具有良好的学习能力，也许孩子在现实生活中遇到的"状况"比较少，缺乏实践的机会和经验。**但家长经常向孩子提问，以此刺激他思考，其实也是一种很好的学习方式。**

多向孩子提问一些实际生活中可能碰到的各种问题，比如在逛街的时候走失了怎么办？有人在众人面前诋毁自己该怎样对待？小朋友之间出现矛盾如何解决？……家长有意识地通过提问来锻炼孩子随机应变的思维方式，先让孩子说出自己的想法，再帮助他分析最佳处置方法。这样他以后遇到突发事情的时候也能保持头脑冷静，并快速思考解决问题的办法。

第三，让孩子知道"条条大路通罗马"。家长有意识地培养孩子一个问题多途径解决的思维方式，让他懂得"条条大路通罗马"的道理。孩子 3 岁开始想象力和创造力快速发展，你会发现孩子脑袋里总有很多奇怪的念头：妈妈跟他说"小兔子开门"的故事，孩子听完后就会说，为什么小兔子不从"猫眼"里面看是不是妈妈回来了？为什么小兔子不打开窗去瞄一下？……

你会惊讶，孩子这些童稚的想法其实也是解决问题的不同方法呢！大人做事已经形成了一套固定的模式，**不要把你的模式灌输给孩子，让孩子先入为主，就不愿意思考了。**

第四，给孩子机会独立承担责任。让孩子能够独立完成一件事情，这不但能够让孩子学会独立处理事件，也是让孩子能够在经验教训中学会成长。或许孩子一开始不懂得如何面对和处理眼前困境，家长可以在头一两次时给孩子做一个示范：遇到问题先保持冷静头脑，制订初步方案，考虑可能变化的因素，做好心理准备的同时也多思考相应的备选方案，让孩子掌握解决问题的一般步骤，提高孩子的自理能力和解决问题的能力。

在日常生活中，只要是孩子力所能及的事情就大胆地放手让孩子独立完成，孩子即便会经受或大或小的挫折，但是在这些实际动手中"吃一堑，长一智"，孩子自然会逐渐变得机智、灵活，同时培养出自信、坚毅的品质。

第25课
经得起赞美，受得了挫折

家教故事

　　1954年，巴西的男女老少几乎一致认为，巴西足球队定能荣获世界杯冠军。然而，天有不测风云，足球的魅力就在于难以预测。在半决赛时，巴西队意外地输给了法国队，结果没能把那个金灿灿的奖杯带回巴西。

　　球员们比任何人都更明白，足球是巴西的国魂。他们懊悔至极，感到无脸去见家乡父老。他们知道，球迷们的辱骂、嘲笑和扔汽水瓶子是难以避免的。

　　当飞机进入巴西领空之后，球员们更加心神不安，如坐针毡。可是，当飞机降落在首都机场的时候，映入他们眼帘的却是另外一种景象：巴西总统和2万多名球迷默默地站在机场，人群中有两条横幅格外醒目：

　　"失败了也要昂首挺胸！"

"这也会过去！"

球员们顿时泪流满面。总统和球迷都没有讲话，默默地目送球员们离开了机场。

球员们对"失败了也要昂首挺胸"的理解是比较深透的，可相比之下，对"这也会过去"的理解却不够深透……

4 年后，巴西足球队不负众望赢得了世界杯冠军。

回国时，巴西足球队的专机一进入国境，16 架喷气式战斗机立即为之护航。当飞机降落在道加勒机场时，聚集在机场上的欢迎者多达 3 万多人。在从机场到首都广场将近 20 公里的道路两旁，自动聚集起来的人群超过了 100 万。这是多么宏大和激动人心的场面！

人群中也有两条横幅格外醒目：

"胜利了更要勇往直前！"

"这也会过去！"

球员们对"胜利了更要勇往直前"很容易理解，对"这也会过去"的理解仍然朦朦胧胧……

后来，巴西足球队的队长陆陆续续向一

名人堂

有两个人从铁窗朝外望去，一个人看到的是满地泥泞，另一个人看到的却是满天繁星。

——佚名

挫折对于孩子来说未必是件坏事，关键在于他对待挫折的态度。

——马斯洛

在我的职业生涯中，我曾经有过 9000 次投篮失误，丢失了近 300 场比赛。有 26 场比赛，我的队员把最后的制胜一球让给我投，我却错失了良机。我的一生错误连连，失败累累。但这正是我成功的诀窍。

——迈克尔·乔丹

些人请教，应该怎样理解"这也会过去"的含义？

真是无巧不成书。队长请教的一位老者微笑着说，"这也会过去"的横幅就是他写的。他给队长讲了下面的故事：

据说，伟大的所罗门王有一天晚上做了一个梦。

一位智者在梦里告诉他一句至理名言，这句至理名言涵盖了人类所有的智慧，能使他得意的时候不会趾高气扬、忘乎所以；失意的时候能够百折不挠，奋发图强，始终保持勤勤恳恳、兢兢业业的状态。

但是，醒来之后却怎么也想不起来那句至理名言。于是，所罗门王找来了最有智慧的几位老臣，向他们讲了那个梦，要求他们把那句至理名言想出来，并拿出一枚大钻戒，说："如果想出来那句至理名言，就把它镌刻在戒面上。我要把这枚戒指天天戴在手指上。"

一个星期过后，几位老臣兴奋地前来送还钻戒，戒面上已刻上了一句勉励人胜不骄败不馁的至理名言：

"这也会过去！"

亲子放大镜

当名牌中学学生因为考试失利或者人际交往受挫而无法正确面对，甚至因此放弃生命时，各大论坛上家长们的第一反应就是："还有什么比生命更重要，上不了好的大学也没关系""考得不好也没问题"。但是很多时候，孩子面对挫折时，周边人的态度和指导却并非如此达观，这直接影响到孩子未来面对挫折时的心态。

9 岁的莉莉第一次参加体操比赛。她身材修长、柔韧性好、充满活力，很适合练习体操，她自己也很喜欢。莉莉当然会对竞赛有点紧张，但她相信自己能做得很好，她甚至开始想象在她的房间里要有一个地方来放她的得奖绶带。

第一个项目是自由体操，莉莉第一个出场。尽管她做得不错，但最高分在随后几名选手上场后便被改写了，她输了。莉莉在后面几个环节中做得也不错，但还是没有好到能够赢得比赛的程度。到最后，她什么奖都没拿到，并且很伤心。

如果你是莉莉的父母，你会怎么做？一般我们会遇到这样几种答案：

1. 告诉莉莉你认为她是最棒的；

2. 告诉她本来她是应该得奖的，只是裁判不公而已；

3. 告诉她体操其实没那么重要；

4. 告诉她她有能力，下次肯定能赢；

5. 告诉她本来她就赢不了。

≈ **海马爸爸说** ≈

在我们的社会，增强孩子的自信变得很重要，以至于经常父母会力求"保护孩子不受失败影响"。这或许能短期里帮助孩子从失望里解脱出来，但长远来看却是有害的。

我们来看看这 5 个可能的反应传递出了什么信息：

第一个（你认为她最棒）很不诚实，她不是最好的——这一点你知道，她也知道。这不能帮助她从失败中恢复并有所提高。

第二个（她受到了不公对待）是将责备转到了他人身上，但是事实上问题大多来自她自己的表现而非裁判。你希望她长大后也这样老是推诿责任给别人吗？

第三个（告诉她体操没那么重要）其实是教她贬低那些她做不好的事情。这真的是你想要传递给她的信息吗？

第四个（她有能力）可能是这些信息中最危险的一个。难道能力能自动带给你所想要的一切吗？如果莉莉这次没能赢得比赛，为什么下次她就能赢呢？

最后一个（本来就赢不了）看起来是最硬心肠的一个回答。事实上你不太可能这么对她说。但这是她的有着成长式思维的父亲给她的回答。

她父亲的原话是："莉莉，我明白你的感受。你的期望很高，也确实发挥出了自己的最好表现，但没能赢，这很让人沮丧。不过你要知道，你的努力还不够。很多女孩子练习体操时间比你长，训练也比你刻苦。如果你真的希望获胜，就要更加努力争取。"他同样也告诉莉莉，如果她练习体操只是为了乐趣，那也不必在意名次；如果想赢得比赛，就要更加努力。

父亲不仅仅告诉了莉莉真实的情况，也同样告诉她如何从失败中学习，并且从中走向胜利。他当然非常同情女儿当时的失望之情，但他没有只是给予一些空洞的安慰，因为他知道这些空洞的安慰在未来只会带来更多失望。

海马大课堂

有的家长向我反映，自己的孩子非常在意输赢或得失，比赛甚至游戏都不能输，输了就要赖、不愿玩。如果他认为这项活动或任务有些困难，自己可能会做不好，就干脆放弃不做，根本连尝试的意愿都没有。

因此有人主张，现今的孩子大都是在万千宠爱中长大的，缺少历练，所以坚持给孩子"吃苦教育"，家里物质条件并不差，但刻意让孩子吃苦，比如家里有洗衣机也要孩子手洗，在孩子不情愿的情况下坚持给孩子的破损衣裤打补丁……**流于形式的吃苦反倒让这种"吃苦教育"多了一分矫情，少了一分真诚。**

其实，挫折教育不是刻意让孩子过苦日子，而是教会孩子内心强大以及战胜困难的能力。什么叫挫折？对于一个孩子来说，明明可以锦衣玉食，却非要吃糠咽菜叫挫折吗？如果一家人和和美美，孩子并不会觉得物质匮乏是一种挫折。相反，如果面对父母漠然、斥责，就算天天山珍海味、高床软枕，这对孩子来说依然是最大的心灵挫折。所以，请父母吝啬你们的物质，无私你们的爱，不要对孩子冷暴力。

有人这样教育孩子，一个爸爸说："来孩子，从板凳上跳下来，爸爸来接住你。"孩子跳下来的一瞬间，爸爸闪开了，孩子哭了。爸爸得意地说，这就是挫折教育。岂不知这样的愚昧行为，破坏了孩子的

安全感，破坏了孩子对至亲的信任感。试想一下，一个人活着，却感到没有一个人真正地爱他、接纳他，就连至亲都会欺骗和出卖他，这个人将会是多么的可怜和脆弱，当他遇到困难和内心的煎熬的时候，难以想象他会涅槃，只会自焚。

我想说，如果你希望自己的孩子坚强，请你无条件地接纳孩子、爱孩子，在孩子经历人生逆境的时候，这份爱和接纳会成为他内心最坚定的力量。

　　孩子输不起，或不能面对失败的结果，也许出自于成人对失败、成功所赋予的定义。成功不等于一定要赢过别人才算赢！父母要将成功的含义，以浅显的语言告诉孩子：**成功是把一件事情尽心尽力地完成，而非把别人打败**。让孩子明白，事情的完成本身就是对自己的奖赏，而不一定需要外在的肯定。同时，也让孩子明白，失败可能仅仅是未能达成预设的目标，但是，失败有时会让我们获得更多。

　　经常和孩子分享自己成功与失败的经验，让他们知道即使是父母也有失败的时候。不要总是觉得孩子小，和孩子讨论自己处理失败的方式及心路历程，会让孩子更了解父母，也更能思考成功与失败的意义。

6

PART

精英也要接地气

家长们习惯将孩子的任务分为"学习"和"其他"。看到孩子在学习，家长很高兴；看到孩子在做其他，家长就开始担心了，这就造成孩子"高分低能"。精英教育不是好高骛远，我们既要培养孩子出众的才能，同时也不能让孩子离生活太远。

第26课
傲慢与偏见

家教故事

这是一个来自越战归来的士兵的故事。他从旧金山打电话给他的父母，告诉他们："爸妈，我回来了，可是我有个不情之请。我想带一个朋友和我一起回家。""当然好啊！"他的爸妈回答，"我们会很高兴见到的。"

儿子继续说道："可是有件事我想先告诉你们，他在越战里受了重伤，少了一条胳臂和一只脚，他现在走投无路，我想请他回来和我们一起生活。"

妈妈听后说："儿子，我很遗憾，不过或许我们可以帮他找个安身之处。"爸爸又接着说："儿子，你不知道自己在说些什么。像他这样的残障人士会对我们的生活造成很大的负担。我们还有自己的生活要过，不能让他就这样破坏了。我建议你先回家然后忘了他，他会找到自己的一片天空的。"就在此时儿子挂上了电话，他的父母便再也没有他的消息了。

几天后，这对父母接到了来自旧金山警局的电话，告诉他们亲爱的儿子已经坠楼身亡了。警方相信这只是单纯的自杀案件。于是他们伤心欲绝地飞往旧金山，并在警方的带领之下到停尸间去辨认儿子的遗体。

那的确是他们的儿子没错，但令他们惊讶的是，儿子居然只有一条胳臂和一条腿！

故事中的父母就和我们大多数人一样，带着偏见看人。要去喜爱面貌姣好或谈吐风趣的人很容易，但是要喜欢那些造成我们不便和不快的人却太难了。我们总是宁愿和那些不如我们健康、美丽或聪明的人保持距离，要知道，不给他人机会的同时，也是不给自己机会。**有些人虽然其貌不扬，但接触之后你就会发现，他给你的惊喜远比麻烦要多。**

名人堂

骄傲自满是早熟儿童的大敌。骄傲，多么天才的儿童也要跌掉。

——摩姆斯·穆勒

傲慢是一种得不到支持的尊严。

——巴尔扎克

偏见让我无法去爱别人，傲慢让别人无法来爱我。

——《傲慢与偏见》

人人反对偏见，可人人都有偏见。

——赫·斯宾塞

偏见往往来自无知，纠正偏见的最好方式就是把意见市场流通起来，让意见与意见较量，去赢得多数人的理性。

——柴静

亲子放大镜

慧慧是个聪明可爱的女孩，不仅成绩优

秀，还能歌善舞，发展全面，是典型的资优生。在学校，学校领导看着喜欢，班主任更是视为"骨干"；在家里，父母又视为掌上明珠，宠爱有加。渐渐地她越来越自命不凡，而且很狂妄自大，总觉得自己了不起，总想有机会显示一下自己，如果说别人的孩子某方面挺好的，她就很不服气，说人家坏话。如果遇到不如自己的孩子或者某些问题自己知道而朋友不懂时，总爱说"连这都不知道啊""这么简单的问题都不懂，你真是个笨蛋"等，借此蔑视和嘲笑别人，搞得和同学之间的矛盾也越来越大了。一次，受到嘲笑的孩子反嘲慧慧说："你以为你是谁啊？千金小姐还是公主啊？"气得慧慧大哭大闹，幸好老师及时出面调解，才勉强使两个人和解。也许正是她的这种态度，引起了全班同学们的不满，班干部竞选她落选了，回到家里就哭了起来，中午的饭都不吃了，边哭边说："除了我没人有能力当，凭什么不选我选他！"

≈ 海马爸爸说 ≈

　　骄傲自满这种情绪的产生主要是由于对自身没有形成正确的认知，通常是高估了自己而导致的。当人低估自己的时候会自卑，而高估的时候表现为自负或者骄傲。慧慧从小得到了家庭过多的奖励和表扬，导致孩子目中无人、自命不凡。

　　一个看不起别人、目中无人的人，在他与外界之间存在着一道无形的"城墙"。他大多数时间是生活在自己的世界里的，这对一个孩子发展是十分不利的。傲慢的孩子肯定有着骄傲的资本，与生俱来的或是后天努力得到的。然而正是他们的骄傲，使得他们把自己独锁在"骄傲王国"，变得狭隘、自私。

　　以慧慧为例，平时在生活和学习中出类拔萃，但是仅仅只是被人嘲讽了一次，仅仅是一次班干部评选的落选，她就急得掉眼泪，不能接受挫折，就好像蛋壳一样，外表上光亮坚硬，实则不堪一击。

海马大课堂

　　受社会环境和个人认知等的影响，很多家长在教育孩子的问题上存在着偏见，这里说几条家长最容易出现的偏见：

偏见一：我的所作所为都是为孩子的前程着想

　　我认识的一个爸爸，特别看不惯孩子站在门口的样子，因此只要孩子在门口玩耍或者无意中站在门口，都会受到爸爸的严厉呵斥。即使妈妈替孩子说："站在门口，妨碍到你了吗？"丈夫还是固执地为自己找借口说："小时候我妈妈说过，如果站在门口就会带来厄运。"

其实，只要冷静地反省一下，就会发现父母的所作所为并不完全是为孩子着想。**很多情况下，父母是为了自己的习惯或偏好，才要求孩子按照父母的思路成长**。爸爸不让孩子在门口玩耍，只是在强迫孩子迁就自己因为各种理由所形成的固执习惯而已。在孩子的成长过程中，根本不需要这种教育。另外，这种教育中还含有"因为你是我的孩子，所以必须遵从我的观点"的占有欲。

从某种意义上看，父母经常说的"快来学习吧""好好整理书桌吧""按时吃饭吧"等嘱咐，跟"不要站在门口"的规定如出一辙。是不是不想陪孩子玩，才逼着孩子学习；是不是不想清理环境，才要求孩子好好整理书桌；是不是由于紧张的日程，才让孩子"按时吃饭"的呢？在这一刻，你是不是还在向孩子强加自己的欲望、自己的偏见、自己的习惯呢？从今天开始，请所有父母彻底摆脱"任何事情都是为孩子的前程着想"的偏见吧！这样才能消除强求和逼迫，进行真正平等的对话。

偏见二：孩子必须完全听从父母的安排

"任老师，为什么只要孩子不听话，我就忍不住发火呢？"有一天，一位妈妈找我咨询。她有一个 8 岁的儿子，只要孩子不听话，即使她在内心里对自己说"不要生气"，但还是无法克制自己的情绪。听完这位妈妈的叙述后，我请她列举能让她生气的情况。"我们一般都是九点半睡觉，在睡觉之前我会叫孩子穿上睡衣。但是到了睡觉时间，他还没有穿上睡衣，依然在做自己的事情，这时我就会忍不住发火……"总结一下，就是妈妈喜欢不停地干预孩子日常生活的琐事，而当发现孩子违背规定时，就会大发雷霆。

在一天内，大部分父母也许会遇到好几次类似的情况。拥有一家之长地位的爸爸，最容易出现这种倾向。如果孩子面无表情地坐在餐桌前，爸爸就会吼叫："你为什么在吃饭时还要愁眉苦脸啊？"只要孩子不老老实实地吃饭，爸爸就会说："吃饭时怎么还不老实点？"有些父母就是喜欢把自己的生活方式强加到孩子身上，他们并没有完全接受孩子拥有跟父母不同性格和不同思维的事实，因此一味地主张孩子必须绝对服从父母的安排。

我们童年的时候，是如何评价这样"霸道不讲理"的大人的呢？请大家回想一下曾经严厉处罚学生的老师，极其顽固的老奶奶、老爷爷、大伯。在他们面前，我们也曾经不敢大声说话，更不敢向凶巴巴的班主任说出自己的心里话。**"孩子必须听从父母的话"的想法是封锁孩子的思想、断绝与孩子对话的不明智手段。**只要不想扼杀孩子的灵魂，就请放弃"孩子必须绝对服从父母的安排"的偏见吧！

偏见三：语言是父母与孩子之间对话的全部

在基地，我经常提前看到来找我咨询的妈妈和孩子。通过妈妈与孩子的坐姿，我能大概地知道他们之间的关系。坐在妈妈的身边，但是上身尽量远离妈妈而且东张西望的孩子，有可能是厌烦唠叨的妈妈的孩子，这种孩子的自律性受严重侵害的概率很高。另外，紧紧地抓住妈妈的手，一刻都不敢放松的孩子，有可能是养育者经常更换或是还没有找到"能让自己安心的地方"的孩子。

肢体动作、表情和语气是很难用意识去改变的语言，因此**只有**

身体才能最真实地表达我们的想法，但是大部分父母很容易忽略这一点。

孩子们并不是只观察父母的语言，他们还会敏感地接受父母在无意中发出的各种信号。由于父母与子女相处的时间非常长，因此很难隐藏自己真正的感情。在现实生活中，这种**非语言的感情交流会占据所有交流的 70%**，孩子会依此来对父母进行判断。例如"虽然我妈妈没说出来，但是她更喜欢我弟弟。""如果在竞赛中获得第二或第三名，妈妈就说'还可以'，这就表示她还是因为我没有获得第一名而感到惋惜呢！"

孩子们的这些心里话真实地表明，孩子能够非常清楚地感受父母的内心世界。由此可见，任何父母都不能肯定自己没有伤害过孩子的心灵。说不定冷淡的眼神、满脸的失望都将成为父母与孩子之间对话的障碍。

第27课
从孤僻走向合群

家教故事

全球畅销书《富爸爸穷爸爸》的作者罗伯特·T·清崎在上海市做理财讲演的时候，有的学员问："一个人的经济状况与什么人密切相关？"

罗伯特没有直接回答这个问题，而是要求每位学员写下10位和自己最亲近朋友的详细情况，包括他们的职业、公司大小、财务状况，是否有房子、车子等。

当在场的300多位学员写完之后，罗伯特说："现在，请各位把自己的经济状况与最亲近朋友的经济状况做比较，然后看看能否发现彼此之间的经济状况是差不多的。"

大家惊讶地发现：出租汽车司机的朋友，大多是出租汽车司机；医生的朋友，大多是医生；教师的朋友，大多是教师；读MBA者的朋友，大多也在读MBA；老板的朋友，大多是老板；富翁的朋友，大多是富翁……此时，罗伯特正面回答说：
"一个人的经济状况，与交什么样的朋友密切相关。"

乔·吉拉德是世界上最伟大的销售员之一，他在广州市做推销讲演时，有学员问："您多次谦虚地说，您的成功得益于找到了自己的贵人，那么谁是我们的贵人呢？"

乔·吉拉德说："每个人的一生，都会有 250 位左右的朋友。他们一般会出现在两个重要的场合，一个场合是在你的婚礼，另一个场合是在你的葬礼。在这些朋友中，有 80% 的朋友，对你是没有太大帮助的，当你渴望有所作为的时候，他们甚至会泼冷水，告诉你种种的不利条件和失败的可能；有 15% 的朋友，会给你一些积极的正面影响；只有 5% 的朋友，能真正地给你重大的帮助，且能改变你的一生。**如果你找到了 5% 能改变你一生的朋友，也就等于找到了自己的贵人。每个人都值得花时间找到自己的贵人，然后紧紧地跟着他前进！"**

孩子不合群，性格孤僻，不仅脱离周围的小朋友，而且明显地影响孩子的进取心，

名人堂

你要打开人家的心，你先得打开你自己的，你要在你的心里容纳人家的心，你先得把你的心推放到人家的心里去；这真心或真性情的相互流转，是朋友的秘密，是朋友的快乐。

——徐志摩

人生不要光做加法。在人际交往上，经常减肥、排毒，才会轻轻松松地走以后的路。

——余秋雨

大量的友谊使生命坚强。爱与被爱是生活中最大的幸福。

——西德尼·史密斯

甚至损害身体健康。孩子不合群，跟先天气质有关，但更主要的原因是父母封闭式的教育所致。父母整天把孩子关在家里，把电视机当保姆，与玩具、游戏机和小人书等为伴，不让孩子出去和其他小朋友接触玩耍，担心与别的孩子一起会产生矛盾，甚至会染上坏习气。有个孩子在日记里写道："我没有兄弟姐妹，爸爸妈妈又不让我和别的小朋友玩，唉，我只好把养在笼子里的两只小鹦鹉作为我的伙伴了。"这样下去，天长日久，孩子也成了笼中之鸟了。

亲子放大镜

　　丁丁进入幼儿园的时间不短了，但是迟迟不能适应。去了幼儿园，总是用戒备的眼神看着同伴和老师，虽然不哭也不闹，可是却老是一个人独处在一个角落里，既不参加到小朋友中间来，对孩子们开展的游戏活动也不感兴趣。看着丁丁瘦小的身体、难得有笑意的脸蛋，老师也经常会心生怜意，主动和他拉近距离，逗他开心，可即使是善意的亲近，他也总是抗拒。丁丁不仅抗拒老师，也抗拒自己的小伙伴。除了喝牛奶、吃点心的时间，其他任何时候都不喜欢和大家在一起。每当闯了祸后受老师批评时，他就更加沉闷、孤独，对别人不理不睬，让家长和老师对他的状况更加忧心。

≈ **海马爸爸说** ≈

针对这些现象，在和家长交谈之后，我找到了丁丁出现不合群现象的原因。孩子长期住在高楼里，爸爸妈妈工作忙，很少和孩子在一起，平时只有一个保姆陪伴。一是因为住楼房，幼儿与外界的接触还有和小朋友交往的机会大大减少，这在一定程度上限制了幼儿身心协调发展的机会，也不能满足幼儿好玩的天性，使幼儿失去心理健康发展的基础——交往活动。这样的孩子尽管有吃有穿，但是幼小的心灵是孤独的，于是孩子变得越来越内向，逐渐地失去了天真活泼的性格，慢慢地变得性格孤僻。

二是成人对幼儿心理健康问题的忽视和不正确的教养态度，也是幼儿不合群产生的主要原因。丁丁的爸爸妈妈都忙于工作，忽视了孩子在成长期中给孩子正确的引导和创设良好的交往活动的机会，幼儿好动好玩的天性受到了压抑，产生孤独感、压抑感，甚至形成孤僻、不合群的不良性格不足为奇。有时家长宁肯花大价钱给孩子买现代化的玩具、聘请保姆，也不准孩子离家半步。实际上很多孩子是渴望交流的，只是他们因为年纪小，还不知道怎么和别人交流，遇到一点挫折又没有得到及时缓解就极容易封闭自己，特别是 3 岁入园前后有一定交往能力和交往取向的小孩要特别注意。

海马大课堂

孩子 3 岁以后，如果较长时间不和小朋友一起游戏、经常独处，以及被别的小朋友孤立，等等，都可以称为"不合群"。心理学中所讲的"不合群"是指儿童在与同龄人交往过程中表现出来的孤独、寂寞或懒于交际的一种特殊心态。不合群的孩子大体上可以分为两类：一类表现为沉默寡言、孤僻、害怕陌生人；另一类表现为爱哭闹、爱捣乱、爱逞能、爱惹是生非。

人类是群居动物，无论独生子女如何娇生惯养，最终都无法避免走出家门，与社会上的其他人打交道。有的妈妈怕宝贝不跟别人玩会形成孤僻的性格，就总想把孩子往小朋友多的地方带，可人越多，宝贝就越黏妈妈。孩子不合群存在多方面的原因，家长要先找出病因，才能对症下药。

"不合群"是大多数宝宝必经的一个阶段。每个宝宝都有他自己独特的"趋避性"，就是指宝宝第一次面对新事物，包括人、物或环境时所表现出来的反应。有些宝宝天生趋避性低，不太容易放开去和别人相处。

当宝宝长到 2~3 岁的这个阶段，大多数时间就是喜欢一个人玩，哪怕旁边有一个同龄的小伙伴，他都会"相安无事"地各玩各的，比如你玩你的玩具枪、我玩我的小水枪，这个阶段就是"平行游戏期"。

这都是正常现象，爸妈可以放宽心，慢慢地派给宝宝一些单独一个人难以完成的任务，鼓励他和别人合作完成，帮助他更快进入"合作游戏期"，增加宝宝与别人的交往机会，但注意不要强迫宝宝和其他人玩耍。

随着年龄的成长，孩子 3 岁以后，还是不会交朋友，这往往是因为孩子"太有个性"了。但有时个性太强也会吃亏，不要认为孩子不合群，进了幼儿园自然就会好起来。其实这个年龄的孩子都是喜好形于色的，不太能体谅别人的感受，**不合群的宝宝不容易交朋友，逐渐变得自卑或富有攻击性。**真的变成那样可就糟糕了，所以如果孩子有下列情况，爸爸妈妈还是要早发现，早干预。

第一，没机会尝试合群。爸妈怕孩子有什么闪失，所以平时尽量不让出门，都在家里"圈养"，再加上现在都是外公外婆、爷爷奶奶带得多，孩子一直以来都在被保护的小世界里成长，孩子都没机会出门，怎么可能跟别人合群？

因此，你要知道孩子在当下的年龄，究竟喜欢什么、需要什么，不要按照大人的逻辑和现实去约束孩子；其次，若怕发生意外，就预先做好准备，比如到孩子玩耍的地方提前踩点，杜绝危险因素，带上的玩具要安全、干净；同时，教育孩子在陌生的场合如何区别善意的朋友和有目的的坏人；还可以教会孩子遇到危险、受伤后要怎么求救、自我保护；此外，请孩子的朋友们到家里玩，爸爸妈妈一定要表示欢迎，不要怕孩子们乱翻天。

第二，对爸妈过于依恋，导致不合群。现在大多是独生子女，爸妈难免就对孩子过度关注和保护，又或者是生活抚养环境经常变化，这些都会让孩子对家里的大人过度依恋，那份"亲密"甚至超过了想要结识陌生的同龄小伙伴的需求。

对此，爸妈请告诉自己：**帮孩子找伙伴比陪孩子玩更重要**。并告诉孩子：家庭成员有聚在一起的时候，也有各自的工作、游戏的时候，彼此之间不能互相干扰。对孩子的"朋友圈"，爸妈不宜过多干涉，保持一定的距离，默默关注和欣赏就很好。

第三，因同伴间的竞争而沮丧，不合群。孩子在家总是最自在的，因为家里的大人都让着他，但当他和同伴在一起，就充满了竞

争、比较、冲突和讨价还价，这真不是件容易的事！如果在交往中孩子不幸被"打败了""嘲笑了""欺负了"，就会很自然地往后退，若此时，爸妈再不合时宜地想拔苗助长，甚至给孩子贴上"胆小""小气"等标签，只会把更多的担忧和焦虑传递给他。

第四，太忙，没空合群。现在孩子的成长环境和以前完全不一样，以前都是"弄堂孩子"——跳皮筋、扔沙包、捉迷藏，每一样都需要大家合作共同完成，而如今 iPhone、iPad、网游……一个人待在房间里照样可以玩得不亦乐乎，谁还愿意大汗淋漓地出去和别人玩呢？

对此，首先要**有意识地让孩子远离电子产品**，平时多和孩子聊聊他的小伙伴、聊聊自己的朋友，引导孩子主动地去注意别人、了解别人；一旦孩子说出去跟别人做了什么、说了什么，爸妈要表示出很大的热情，认真聆听，当孩子感受到交往的乐趣，情况就会向好的方面发展啦！

第28课
家务活人人有份

日本福冈一个小女孩叫阿花，妈妈得了癌症。阿花 4 岁时，妈妈就教她做菜。一年后，妈妈走了，5 岁的阿花学会做所有便当。一个 5 岁的小女孩为了和妈妈的"约定"，每天叠衣服、晒衣服、刷澡盆、喂狗狗，有时还给爸爸做晚饭……患病当中，阿花的妈妈考虑得最多的就是教孩子什么最重要，最终她做出了自己的决定："我要教会你做家务，学习可以排在第二位，只要身体健康能够自食其力，将来无论走到哪里都能活下去！只要阿花力所能及的事我都让她自己来，我希望女儿一个人也能顽强茁壮地活下去。"

其实，不仅阿花一个孩子这样，在日本，当孩子到了适龄期，对厨房里的一切感兴趣时，爸爸妈妈就会利用这种好奇心，教他们学习做饭。他们觉得，吃饭是人类生存的最基本方式，如果饭都不会做，孩子还谈什么独立生存？正是基于这种原理，他们才放心地让孩子走进了厨房。

│ 亲子放大镜 │

　　大连的周奶奶收到一包快递，孙女把从开学后到现在穿过的所有衣服都寄回来了，包括几件内衣和7双袜子等，同时还告诉她等洗完衣服再给她邮回去。此事并非个案，这个学期，温州某高校大一学生小江从家里带了600双袜子到学校，他称，这样穿了就扔就不用洗袜子了；辽宁省沈阳市的小菲，考上了南方的一所名牌大学却坚持要复读再考当地大学，理由是离开了家不知道怎么生活下去。

≈ 海马爸爸说 ≈

　　在当代大学生中普遍存在"外勤内懒"的现象，这与家长看待孩子做家务的重要性有很大关系。孩子大多在做家务活上存在叛逆偷懒的心理，因此他们能躲就躲，甚至认为父母就应该做家务，与自己无关。同时，对于家长而言，孩子做不做家务，远不如一次考试成绩重要。这是与素质教育以及孩子全面发展的理念相悖的。家长对孩子过度关爱、过度包办的做法，不仅不利于孩子在日后的独立家庭生活，更不利于孩子在社会立足和发展。生活即教育，家长有必要让孩子从小参与到家务劳动中来。

海马大课堂

著名教育家詹文玲说："父母本该都会教育孩子的，就像动物会教育动物宝宝一样。可是，为什么家庭教育有那么多的问题呢？为什么有的父母居然不知道该怎样教育孩子，这是因为一些父母的育儿智慧被太多的欲望和功利掩盖了，尤其是望子成龙心切的父母，在教育方面太紧张、太急躁了。父母总是低估了孩子的能力，从小对孩子进行密不透风的成才教育，剥夺了孩子的成长舞台，把孩子管成了事事依赖父母的精神残疾。其实，**家庭教育就在你天天经历的生活中**，比如让孩子从小做家务，就是教育孩子的最好方法。"

现在的一些父母常常对孩子说的一句话是"你什么也不用管，好好学习就行了"。在我国，不让孩子做家务往往是爸爸妈妈表达爱的一种方式。许多孩子从小到大，饭来张口，衣来伸手，不仅生活能力很差，还缺乏一定的责任心，这样，无疑限制了孩子的进一步发展。

哈佛大学曾对 456 名孩子跟踪研究 20 年，这些孩子被分为两类，爱做家务的和不爱做家务的。20 年后，他们失业的比率是 1：15，犯罪比率是 1：10，收入也是爱做家务的比不爱做家务的高 20%。而且，爱做家务的孩子离婚率低，心理比较健康。

在美国，孩子不论年龄大小，都是重要的家庭成员，所以告诉孩子他们在家庭中应该负起的责任是很重要的，而承担家务则是最好的方式。不同年龄的孩子可以做哪些家务劳动？这张美国孩子的家务清

单或许可以借鉴一下。

年龄	家务种类
9~24 个月	可以给孩子一些简单易行的指示，比如让宝宝自己把脏的尿布扔到垃圾箱里
2~3 岁	可以在家长的指示下把垃圾扔进垃圾箱，或当家长请求帮助时帮忙拿取东西；帮妈妈把衣服挂上衣架；使用马桶；刷牙；浇花（父母给孩子适量的水）；晚上睡前整理自己的玩具
3~4 岁	更好地使用马桶；洗手；更仔细地刷牙；认真地浇花；收拾自己的玩具；喂宠物；到大门口取回地上的报纸；睡前帮妈妈铺床，如拿枕头、被子等；饭后自己把盘碗放到厨房水池里；帮助妈妈把叠好的干净衣服放回衣柜；把自己的脏衣服放到装脏衣服的篮子里
4~5 岁	不仅要熟练掌握前几个阶段要求的家务，并能独立到信箱里取回信件；自己铺床；准备餐桌（从帮家长拿刀叉开始，慢慢让孩子帮忙摆盘子）；饭后把脏的餐具放回厨房；把洗好烘干的衣服叠好放回衣柜（教给孩子如何正确叠不同的衣服）；自己准备第二天要穿的衣服
5~6 岁	不仅要熟练掌握前几个阶段要求的家务，并能帮忙擦桌子；铺床/换床单（从帮妈妈把脏床单拿走，并拿来干净的床单开始）；自己准备第二天去幼儿园要用的书包和要穿的鞋（以及各种第二天上学用的东西）；收拾房间（会把乱放的东西捡起来并放回原处）
6~7 岁	不仅要熟练掌握前几个阶段要求的家务，并能在父母的帮助下洗碗盘，能独立打扫自己的房间

年龄	家务种类
7~12 岁	不仅要熟练掌握前几个阶段要求的家务，并能做简单的饭；帮忙洗车；吸地擦地；清理洗手间、厕所；扫树叶，扫雪；会用洗衣机和烘干机；把垃圾箱搬到门口街上（有垃圾车来收）
13 岁以上	不仅要熟练掌握前几个阶段要求的家务，并能换灯泡；换吸尘器里的垃圾袋；擦玻璃（里外两面）；清理冰箱；清理炉台和烤箱；做饭；列出要买的东西的清单；洗衣服（全过程，包括洗衣、烘干衣物、叠衣以及放回衣柜）；修理草坪

第29课
建立家族文化

| 家教故事 |

　　肖先华，出身于中原大地上一个家族文化延续了六百余年的崇儒之家，从小就深受儒家做人做事原则的熏陶，立志以复兴中华文化为己任。研究生毕业后的 9 年间，自 2000 年 3 月只身徒步考察山西陕西交界的黄河数百里沿岸开始，他克服重重困难，至 2008 年先后十次走黄河，寻找中华文化的源头活水，为弘扬中华文化苦行不止，并于 2005 年 6 月在香港向全球华人发起"万人回故乡"活动，至今已成功举行了十三次寻根活动，已经写出和计划写出的作品有《站在黄河边看中国文化》系列书十部。

　　他说："一个不要根的人，是没有前途的人；一个不要根的民族，是没有未来的民族。如果根坏了，一切都完了；如果根丢了，一切都丢了。我们华人的根在哪里，我们中华文化的根在哪里，我们的根究竟是什么，我们还要不要自己的根？如果不要根，我们的民族还有前途吗？还能崛起吗？我们中华民族的伟大复兴还能实现吗？树无根不能活，民族无根能活吗？"

肖先华的寻根苦旅，由家族的影响和熏陶升华为民族的自豪，通过寻根宣传，弘扬优秀的传统道德。宣传和睦、和谐、和平的理念是人类道德保障和精神瑰宝。

肖先华为新一代人树立了榜样。**我们要通过寻根，通过修谱，勇敢地承担起家族和民族的责任，把先辈的知识及精神财富传承下去**，不辱使命，让生命之树常青。

亲子放大镜

最近，一项网络调查显示，在面对"你知道你爷爷或奶奶的姓名吗"这个问题时，有 42.1% 的调查参与者选择了"不知道"。然而，从另一方面看，每年春节，数以亿计的中国人想方设法从四面八方赶回家过年。

名人堂

修身、齐家、治国、平天下。
——《礼记·大学》

走遍天涯觅不到自己所需要的东西的人，回到家里就发现它了。
——莫尔

让孩子感到家庭是世界上最幸福的地方，这是以往有涵养的大人明智的做法。这种美妙的家庭情感，在我看来，和大人赠给孩子们的那些最精致的礼物一样珍贵。
——华盛顿

≈ 海马爸爸说 ≈

　　当一个人有了家庭角色，就有了角色定位的责任感，会不自觉地遵从和自律，从而促使家庭中的孩子有一种使命感、责任感，在个人信仰和人生目标上会更明确，增加驱动力。在孩子叛逆和违反常规做事时，起到积极地阻止和心理干预功能。尤其为完成培养有文化有素养的新一代人起到潜移默化的作用。我们有一句社会流行语说："富不过三代"，就证明了家族文化断代的问题现象。"三代打造一个绅士"，同时也说明了家族文化的继承加创造，可以在三代人的努力下打造一个绅士。由此可见，家族文化对孩子的教育是多么的重要和必需。

　　事实还表明，我们社会很多问题的解决，以家族观念为中心的家族文化起了不可忽视甚至无可替代的作用。在农村，疾病治疗、外出打工、经济周转，很多时候是通过亲戚关系、家族力量而得到解决。一个家庭中有人病重而自家无足够的经济力量解决问题时，往往是通过"亲友"的帮助去解决，其间，首先也是最为关键的是"亲"，其次才是"友"。同样，在遭遇巨大的天灾人祸的时候，在争取政府帮助的同时，人们往往也是寻求宗亲的帮助。

　　不仅如此，家族文化在当代中国的作用，还体现在华侨华人对祖国现代化建设的支持方面。改革开放以后，大量华侨华人回国投资，大大促进了现代化建设的力量。世界客属恳亲大会、国际潮人联谊会、广东潮人海外联谊会、世界中山同乡恳亲会等组织的发展及其活动的开展，表面上是乡情的展现，而从中国文化的角度看，本质上都是亲情的彰显。

海马大课堂

建立家族文化从以下两个方面着手：

第一，继承整理家谱。家谱是一种以表谱形式，记载一个以血缘关系为主体的家族世袭繁衍和重要人物事迹的特殊图书体裁。建立家谱内容可简单概括为：1. 你的名字或姓氏；2. 家族所在地；3. 分支始祖；4. 迁徙情况；5. 家族字辈；6. 本人的字辈；7. 其他情况。

第二，记录家庭故事。记录家庭故事的方式主要有：文字记录、相册记录、公共媒体、录像记录、纪念品、奖品荣誉、证书票据、原告作品等。

据说在西方，准确地说，是在美国，家谱网（Jiapu.com）很火，要比咱们的开心网什么的有人气得多。美国人没事就在家谱网上种"树"——亲情树。美国人尽管只有 200 年的历史，但是他们极其热衷于寻根问祖。听说，美国人的第一大爱好是"园艺"，第二就是"寻亲"。而他们的寻亲，大部分是通过家谱网。

　　家谱网有一个强大的数据库，只要发现两棵家族树上的两个人可能有关系，那么代表那两个人的"叶子"就会同时颤抖，那一瞬间，这两片叶子的"后代"就会极其兴奋，他们会想方设法联系上，然后，如果愿意，他们会去做 DNA。在美国做 DNA 非常简单，只要上医院拿个棉花球在口腔里绕一绕，然后化验一下就知道结果了——比如说，这两个人在多少代多少代之前是同一个爷爷，他们是有血缘的，是亲戚，是相关的。

　　大约 2004 年夏天，我回过老家一趟。很多亲戚问我还记不记得他们——除了舅舅舅妈表哥表弟还有几个小表妹，其余的，我真的印象不深了，要人家反复帮我回忆，回忆到我不好意思，只好说想起来了。落叶归根，我不知道我这片落叶，哪里是根……

　　所以**我常常劝那些有儿女的父母，让他们早早给自己的孩子建一棵"亲情树"**——这样，当他们离开人世的时候，他们的孙子的孙子的孙子，也许某一天，会在自己的树上看到一片颤抖的叶子，也许，那个时候，你的名字又会被重新提起——因为你的关系，他们有了亲戚关系，成了相关的人。

PART ⑦

爱在左，管教在右

　　父母之于子女，首先是抚养，其次才是教育。家庭教育从来不是父母单向输出，而是双向互动，所以你爱孩子，就要让他感受到，花时间更要花心思陪伴孩子成长；管教孩子，就要让他信服，跟孩子讲道理而不是讲权威。

第30课
父母角色扮演

家教故事

梁启超，是戊戌变法的发起人和领导者之一，近代学术大师，与王国维、陈寅恪、赵元任共同创办清华大学文学院。除了早年政治上的先觉者，到后来的学术大师，他还是模范家长。梁启超育有子女十人，除一子早殇，个个成才。其中长子思成是建筑学家、次子思永是考古学家、五子思礼是火箭控制系统专家，一门三院士，绝无仅有。

梁先生常年与家人分居，聚少离多，但他对子女的教育一刻也没有放松，《梁启超家书》是他写给子女、家人的信件。这是一位既可爱又可敬的父亲，他毫不掩饰自己的宠爱，他在信中写："你们须知你爹爹是最富于感情的人，对于你们的爱情，十二分热烈。你们无论功课若何忙迫，最少隔个把月总要来一封信，便几个字报报平安也好。"

思庄大学没考好，梁启超及时安慰她："未能立进大学，这有什么要紧，求学问不是求文凭，总要把墙基越筑得厚越好。"并教孩子们求学问、做学问的方法——"总要'猛火炖'和'慢火炖'两种工作循环交互着用去"。

同时，梁启超对他们严格要求，他写道："爹爹虽然是挚爱你们，却从不肯姑息溺爱，常常盼望你们在苦困危险中把人格能磨炼出来""若缘怠荒所致，则是自暴自弃，非吾家子弟矣。"

他给予孩子们在读书写字、学习课程、选择学校、选择专业、选择职业、人际交往、恋爱婚姻等各方面的指导，但从不强迫孩子。梁思成与林徽因的伉俪佳话，正是梁启超一手促成的，他说："由我留心观察看定一个人，给你们介绍，最后的决定在你们，我想这真是理想的婚姻制度。"

梁启超先生也不忘在书信中教育他的孩子们必须爱国。他很注重子女对自然科学的学习，注重所学科目与国家需求的联系。他的很多子女是在国外学习与成长的。而放到国外的孩子们又像牵在他手中的风筝，当祖国需要之时，他就把他们拉回来为国效力。梁家所有的孩子没有一人留在国外，

名人堂

记住，正确地进行教育不是一件简单容易的事，而是一项漫长而复杂的事业。粗糙和轻率的家庭管理作风是最贫乏最无教育智慧的人都惯做的。最不开化的野蛮人和最笨的人都会用打几下、骂几句来惩戒孩子。这一点，从一只母狗用吠声或假咬制止一个过分的小狗这种事上都看得出来。

——斯宾塞

我在我母亲的教训之下住了九年，受了她极大极深的影响，我十四岁便离开她了，在这广漠的人海里独自混了二十多年，没有一个人管束过我。如果我学得了一丝一毫的好脾气，如果我学得了一点点待人接物的和气，如果我能宽恕人、体谅人——我都感谢我的慈母。

——胡适

无论当时的中国是战火连天还是贫穷困苦。这一切都是因为他们的爸爸梁启超是那么地爱国，孩子们受到他潜移默化的影响，时刻心系祖国。

亲子放大镜

　　林女士和老公结婚七年多了，有一个六岁的宝贝女儿。和老公刚结婚时，感情很好，可是有了女儿之后，老公一直在外工作，林女士因为要照顾女儿，留在了家里。老公经常不回家，回家后两人也总是争吵，因为生活上的一些琐事，说林女士不理解他工作的辛苦，还总是拿一些生活上的琐事烦他；或者是因为女儿的教育问题，一直有分歧。老公对女儿很严肃，女儿对他也不是很亲，爸爸偶尔回来，女儿也不愿和他独处。而且最近感觉女儿的性格越来越内向了，就是赖着妈妈，不和外人接触，每次送她去幼儿园，她都拉住妈妈不松手。

≈ 妈妈提问 ≈

　　不知道是不是因为我和她爸爸感情不和，才导致女儿越来越内向。我想知道怎么样对孩子才是最好的方式，我该做些什么才能改变现状？

≈ **海马爸爸说** ≈

　　在孩子面前吵架，几乎是现代父母之间不可避免的行为。父母感情不和，对孩子性格的形成与发展，以及正常心理的发育，都有很大的影响。有些父母不仅不体恤孩子的痛苦，反而把孩子当成武器，利用孩子来攻击对方，在他们嘴里"你从来不管孩子""你为孩子做了什么""孩子有这些毛病，都是你惯出来的""你这个人这么恶劣，孩子都是跟你学坏的"等，**当一方用孩子来攻击另一方时，孩子实际上也受到伤害。**

　　孩子需要有一个强有力的父亲和一个有尊严的母亲，这关系到他的自尊和安全感。夫妻中的任何一方如果贬低对方抬高自己，实际上都是在打击孩子，同时也是自我贬低。父母必须思考怎么扮演好自己的角色，尽量不要在小孩面前争执。尤其是知道会吵得很凶，或者是因为孩子的教育或管教问题起争执，就更应该私底下解决。最重要是让孩子知道，争执或离婚都不是孩子的错，告诉他："这绝对不是你的错。大人也有大人的问题，我们必须自己去解决。你不要担心。"

海马大课堂

　　孩子与家长之间的相互影响是家庭教育的核心问题。现代家长的教育理念虽然随着社会的发展而不断得到深化，但传统的价值观念仍然存在着潜移默化的影响。因此，中国家庭教育的发展还有很长一段路要走。

　　当前家长的教育观念存在着一些偏差：

第一，将抚育视为恩典。将养育视为恩典甚至作为求回报的依据，实际上是对亲情的侮辱，抹杀了两代人之间"爱"的存在。**爱之所以值得赞美，因为这是一种不求回报的给予，否则就成了买卖行为。**在这里我要提出来，当我们要求孩子感恩时，我们是否也要思考一下对孩子感恩呢，是他们因为我们的需要来到了这个世界上，给我们增添了许多欢乐。怀着这种心态，再怎么宠爱、照顾孩子，也和日本人给"和牛"听音乐无异，无非为了肉质鲜美，没有什么伦理上值得赞美的价值。

第二，将子女视为私产。将子女视为私产的恶果不仅是企图永远对子女一手掌握，更卑劣者还要拿子女来换取利益，媒体喜欢说的"生男建设银行，生女招商银行"就是这个意思，多少父母严防死守，唯恐女儿卖不出个好价钱，甚至直接干涉子女婚姻，只为了自己有面子或跟着享福。

第三，将自己视为真理化身。在中国父母看来，没有一代儿童是健康成长的，80 后他有"电视瘾""游戏瘾"，90 后有"网瘾"，作为父母，显然忽视了自己身上的烟瘾、酒瘾、麻将瘾、虐待子女瘾、出轨瘾、离婚瘾等。

归根结底，种种"瘾"的存在，无非是父母不愿意去理解下一代的生活和兴趣，将自己视为绝对的真理。种种以长途拉练等变相体罚方式为"治疗"手段的"问题少年夏令营"也是依赖这一点而存在。他们的"治疗"无非就是通过电击、恐吓和身体摧残让孩子屈服、痛哭流涕以至低头认罪，满足一些父母的需求。

第四，热衷于"复制"而非进化。人们也许还记得 2010 年春节晚会上那个背百家姓的小女孩，主持人只要报出姓，她就立刻报出该姓氏在《百家姓》中的排名，赢得台下热烈的掌声。中国曾经很盛产这样的"神童"，有背圆周率小数点后几千位的，有把《红楼梦》倒背如流的，甚至还有背新华字典的。

失败的父母总是以自己的好恶来"栽培"子女，而这也常常显示了部分父母的趣味是多么贫瘠，就像这个无趣且无聊的背《百家姓》节目一样。今天中国还有很多父母规划孩子的一切，从考研到考公务员，甚至择偶、生子都要由父母决定，这一切只为了让生于 80 年代的子女，也可以重复 50 年代的人生，而这一过程和背百家姓一样无聊。

第31课
树立父母权威

火车站，一个扳道工正走向自己的岗位，去为一列徐徐而来的火车扳动道岔。此时在铁轨的另一头，还有一列火车从相反的方向驶进车站。假如他不及时扳道岔，两列火车必定相撞。

这时，他无意中回过头一看，发现自己的儿子正在铁轨那一端玩耍，而那列开始进站的火车就行驶在这条铁轨上。

是抢救儿子，还是扳道岔避免一场灾难——他可以选择的时间太少了。那一刻，他威严地朝儿子喊了声"卧倒"！同时，冲过去扳动了道岔。

一眨眼的工夫，这列火车进入了预定的轨道。那一边，火车也呼啸而过。

车上的旅客丝毫不知道，他们的生命曾经千钧一发，他们也丝毫不知道，一个小生命卧倒在铁轨正中——火车轰鸣着驶过，孩子丝毫未伤。那一幕刚好被一个从此经过的记者摄入镜头中。

不久，德国一家电视台出高薪征集"十秒钟惊险镜头"活动。许多新闻工作者为此趋之若鹜，征集活动一时成为人们关注的焦点。在诸多参赛作品中，这个名叫"卧倒"的镜头以绝对的优势夺得了冠军。

获奖作品在电视播出的那天晚上，大部分人都坐在电视机边观看了这组镜头，最初是等待、好奇或者议论纷纷，10 秒钟后，每一双眼睛里都是泪水。可以毫不夸张地说，德国在那 10 秒钟后足足肃静了 10 分钟。

人们猜测，那个扳道工一定是一个非常优秀的人。后来，人们才渐渐知道，那个扳道工只是一个普普通通的人。他唯一的优点就是忠于职守，没误工过一秒钟。更让人意想不到的是，他的儿子是一个弱智儿童。

他说，他曾一遍一遍地告诉儿子说："你长大后能干的工作太少了，**你必须有一样是出色的。**"

名人堂

教育的本质意味着：一棵树摇动一棵树，一朵云推动一朵云，一个灵魂唤醒一个灵魂。

——雅斯贝尔斯

为了孩子，您完全应该懂得一点儿电子学，懂得一点声音重发系统和当代文学知识。即使不精通现代诗的韵律，也知道韵律是怎么回事，不要单靠回忆往事来维持自己的威信……

——A. 弥库沙

儿子听不懂父亲的话，依然傻乎乎的，但在生命攸关的那一秒钟，他却"卧倒"了——这就是他在跟父亲玩打仗游戏时，唯一听懂，并做得最出色的动作。

亲子放大镜

初二的冬冬一放学回家就开始写作业，一直写到吃晚饭。吃饭的时候，妈妈对目不转睛看电视的冬冬说："快点吃，吃完赶紧写作业。"一旁的爸爸说："着什么急，让孩子看完《新闻联播》也不迟。""作业那么多，不看电视都写不完，你想让他明天挨老师骂？""写不完就写不完吧，孩子总应该知道些国家大事吧。"爸爸振振有词。"说得好听，写不完作业老师叫家长去学校，你去？""我去就我去。实在不行写个假条，就说孩子不舒服。""……"看着爸爸妈妈争吵起来，冬冬不情愿地扒完碗里的饭，回到了自己屋里。

≈ 海马爸爸说 ≈

类似冬冬这样的情况几乎每个家庭都会发生，小到穿衣吃饭，大到考试求学，由于父母教育的不一致性，导致孩子无所适从，不知道该听谁的，从而影响了孩子的心理健康，破坏了父母在孩子面前的权威性。

对于没有是非辨别的能力、独立性比较差、依赖成人的判断的孩子来说，需要的是一致性的规范和一种指导性的建议。父母在教育孩子问题上存在差异和冲突是正常的，比如妈妈可能会更感性一些，希望孩子不受委屈，尽量满足孩子的需要，更多的是对孩子的关注及保护。而父亲可能就会认为孩子应该学有所成，出类拔萃，更多的是从理性和规范方面教育孩子。

对此，家长应该先沟通，取得共识之后再跟孩子交流，如果是突发状况，来不及达成共识，可以跟孩子一起商量：这件事妈妈认为是这样的、爸爸认为是那样的，你自己可以做出判断，愿意怎么做。不过把问题交给孩子自己判断，最好是在青春期以后。总之，**教育孩子一定要注意一致性**，不仅是父母双方教育要保持一致，作为其中一方，也要保持言行一致，说过的话一定要做到，才能在孩子面前保持权威。

海马大课堂

我们常常说，每个孩子的后面，都站着一个家庭。那些"别人家的孩子"后面，站着的是"别人家的父母"。望子成龙的我们，首先要做好的，是自己，然后才是教育孩子：

帮助孩子确定努力的目标，树立正确的道德观念，成为孩子的人生向导；

培养孩子的好习惯和独立性，做孩子的生活教练；

倾听孩子的心声，当孩子的知心朋友；

为孩子的成长鼓励加油，肯定赞美孩子，当孩子忠实的拉拉队员。

我想明确一点，千万不要低估自己的能力。同时把注意力集中在人生最重要的事情上面——**爱你的孩子们，爱他们更多一些**。我真诚地规劝并要求父母们：

第一，放下暴力的权利。暴力就是暴力，无论是带着"爱"的暴力还是带着"恨"的暴力，暴力本身的成瘾性都不容忽视，而如果子女任其责打，那么出于人精神上的惯性，父母也会越来越粗野易怒，越来越轻易地将家庭暴力作为发泄手段。

第二，言论自由。语言暴力堪比挫伤心灵的软刀子。很多父母喋喋不休地责备自己的孩子，似乎批评已经成为他们与孩子交流的唯一方式。不仅把自己塑造成了一个坏人，而且这些话可能成为预言。如果孩子听到的总是"你就不能做一件正确的事吗"或者"你没有什么用处"这样的话，会严重打击他的自信心，让他不敢去尝试和挑战新鲜事物。回想一下，如果在你的成长过程中有一个人对你总是苛刻挑刺，这种苛刻难道不会产生长期的影响以至于让你自我怀疑、自我贬低吗？

在一些极端的家庭中，子女不仅不敢表达对父母的不满，甚至也不敢表达对父母的爱。毫无疑问，家庭里的"言论自由"有助于消除恐惧，当子女赞美父母的时候，其实也在提醒他，我是一个有独立见解的人，时间长了还能培养孩子的自信和说话的技巧。

　　第三，经济独立会给孩子尊严和人格。经济独立是人格独立的基础，任何一个子女如果不断地向父母伸手要钱，那么也就根本不配谈人格独立，即使父母把子女送到地球另一面，只要轻轻拉一拉经济这根弦，子女就只能乖乖听话。因此我们建议，不要为孩子买房买车，这会打击孩子的自尊心，也许现在的孩子已经没有了这方面的自尊，那就更要培养，让他赤手空拳去打拼，如今"不啃老"的年轻人是难能可贵的。推己及人，将来在子女面前也要经济独立，不把子女作为自己养老的工具，**一代一代在经济上都保持独立、自立，维护自己的尊严。**

　　第四，以身作则。身教重于言教，孩子接受到的最重要的信息往

往不是用言语传达的。孩子在成长的过程中常常会模仿父母的行为，并以父母为楷模。我的母亲不会说话，但她对我的教育是最伟大的教育方式。

第五，因材施教。关注孩子的兴趣和爱好，保护好孩子的天赋，随时观察，积极引导。不要仅从你的角度判断，要根据孩子的特质进行因材施教，去培养而不是去扼杀。

第六，在社会高处着眼，从家庭小事做起。制订一份家务计划。分担给孩子一些他力所能及的家务劳动，一方面体现他对家庭的重要性，另一方面也是锻炼他的生存能力，帮助孩子放松，在学习之外得到鼓励和奖赏。**孩子在平凡的小事上持续得到父母的正向肯定，慢慢就会形成良好的习惯。**

第七，全才不如专才。样样通，不如精通一样。一个人一生做一件事，没有不成功的。

第八，钱财不如人才。培养人才首先要培养的是品质而不是如何赚钱。金钱生不带来死不带去，那是身外之物。家庭教育中，物质丰厚和过剩的家庭教育要比物质匮乏的家庭教育艰难得多。

第32课
了解你的孩子

家教故事

罗恩是个 15 岁的小男孩，今年高一。这天，是校际橄榄球比赛的日子，罗恩作为候补球员被选入校队，他可是唯一一个拥有如此荣耀的低年级学生。他兴奋极了，邀请妈妈来观看比赛。罗恩的妈妈从来也没有看过橄榄球比赛，但还是兴致勃勃地来了，还带来了几个好友为儿子呐喊加油。

激烈的比赛结束后，罗恩的妈妈就在更衣室外面等儿子，准备和他一起回家。

"妈妈，你觉得怎么样？天啊！你有没有看到我们 3 次底线得分，还有我们的防守，很棒吧！对了，还有在重新开球后，我们在反攻时截断了对方的传球。妈妈，你看到了吗？"罗恩一看见妈妈，就兴奋得手舞足蹈，一口气问了很多问题。

"儿子，你棒极了！真的，我真为你骄傲。你提了 11 次球袜，那动作真利落；你还喝了 8 次水，对了，还有两次往自己的脸上洒水。宝贝，你肯定流了不少汗。还有，你拍 19 号、5 号和 90 号下场队员的样子帅极了，那动作真像个职业球员。"罗恩的妈妈言语里充满了自豪。

"噢，妈妈，你怎么注意那些小事啊！"罗恩有点泄气，"我哪有那么棒？我甚至一直都没上场，只是个板凳球员。"

妈妈微笑着抱住罗恩："宝贝，妈妈不懂橄榄球，也不是来看球的。妈妈是来看你的，我的儿子，在妈妈的眼里你是最棒的球员。"

在每一位家长的心中、眼里，孩子永远是自己关注的焦点。但是，怎样让孩子明白这一点呢？怎样**让孩子知道自己在父母心中的分量**，让孩子体会父母对自己的关怀和爱？这是一门艺术，也是一门学问。

亲子放大镜

虽然每个家长都是生理上的父母，但是

在心理上和教育上，其实在中国有很多家长是不合格的。每年的儿童节，全世界孩子们的节日，相信很多父母已经提前准备好了礼物，准备给孩子们一个惊喜。但从过往的经验来看，父母的心意孩子们未必会"照单全收"。孩子满怀喜悦接过礼物，但打开包装的瞬间，一脸阳光迅速由"晴"转"阴"，甚至"暴雨倾盆"的例子也不是没有过。一番好意却落得尴尬收场，到底是哪里出了问题？

世人皆道：父母的爱是天地间最伟大的爱、最无私的爱，面对孩子，父母从不吝惜感情付出、物质投入。但很多时候，父母并不了解孩子的真正想法和愿望，仅凭一己好恶来判断孩子的兴趣爱好；还有一些父母认为，孩子太小，他们并不清楚自己到底需要什么、应该怎么做，如果什么事都由着孩子的性子来，那是溺爱，会害了他们。因而，这些父母替孩子做了决定。

于是，孩子明明想要轮滑鞋，父母却送了一把吉他；孩子想看一部最近热映的动画片，却被领着去听了一场古典音乐会……父母们不妨换位思考一下，**这样错位的"爱"是自己需要的吗**？

这种"大包大揽"的家长作风还体现在了教育孩子的方式上。一方面，家长们对自己太过自信，认为能够掌控孩子的未来，他们有意地"定向培养"，想为孩子铺就一条人生的捷径、坦途，以保孩子将来生活顺遂、平安幸福；另一方面，他们又对自己的孩子不够自信，总担心孩子缺乏管教、自由度太高会学坏、不成材。

海马大课堂

了解孩子在不同阶段的生理和心理发展状况，是对孩子施以教育的基础，也是父母们的必修课。我们孩子的成长过程是从出生到婴儿期、幼儿期、童年期和青春期。

第一阶段，婴儿期

婴儿自降生起会发生不停的变化，这就是我们人类生命的奇迹。

婴儿赤裸裸地来到这个世界上，他们一无所有，他们不能走路、不能说话，甚至不能自己吃东西，他们比地球上任何一种年幼的动物都要无助。出生后第一年是他们处境最为危险的时期，但经过一年的成长发育，他们将发生微妙的变化，从此，由最无助的生物变成最有能力的生物，成为世界上最聪慧的群体的一员。

婴儿从母亲体内挣扎出来，随着第一声啼哭，开始了他的生命特征。哭是婴儿唯一与外界交流的方式，但我们只看到婴儿在哭，却不知道不同的哭声代表着不同的含义。

我们一般认为婴儿出生时大脑一片空白，其实不然，**他们已经具备了一定的智力，甚至会做数学题**。在大人们的观察帮助中，通过表情和注意力的观测，婴儿能够通过表情表达出答案。如实验中我们用苹果来做算数的演示，我们给他 1+1=2 的实验方案后，很快他就学会了答案并表现出转移注意力的动作。如果我们换成 1+1=1 的实验，他们会表现出非常惊讶的表情来。

人的学习能力很强，昆虫不需要上大学，天生就拥有许多能力，与生俱来。但是，它们后天不会有很大的进展。婴儿却不同，后期不学习是不行的，不学习、不实践肯定会有缺陷，如果婴儿与外界隔离，不与周遭发生接触，后果将不堪设想。

人出生时有 1 千亿个神经元组成我们人体的神经网络连接，比银河系的恒星还多。婴儿早期神经连接很粗略，我们看到婴儿用一只手抓东西时其他肢体都会跟着动起来。在成长的过程中神经元要重新排列起来，而婴儿的每一个动作会促进神经元的排列连接。

第二阶段，幼儿期

3~6 岁，他们的认知、学习、社会化过程都是通过游戏进行的。

游戏是这个时期教育孩子的重要手段。记忆以形象记忆为主导，词语记忆薄弱。自我控制能力薄弱。形成第一个反抗期。

第三阶段，童年期

这时的记忆广度已经与成人的水平接近，有意识记忆超过无意识记忆。童年期的社会性发展，如自我概念，比如问"我是谁"，小学低年级的学生会回答名字、性别、年龄等，而到小学高年级，他们开始试图根据品质、人际关系、动机等来回答"我是谁"。

第四阶段，青春期

青春期是由童年向成年过渡时期，年龄在 10~18 岁。按书本来说，青春期的年龄应该在 11~16 岁，但是，随着现代物质和文化的影响，孩子们的青春期开始时间提前了，结束时间退后了。在这个时期，个体的生理发育、心理和社会性的发展日趋成熟。

青春期的躁动为第二反抗期。第二反抗期的表现有硬抵抗，软抵抗，反抗迁移。

这个时期，他们自以为自己成熟了，其实只是半成熟阶段，这就造成矛盾，也是孩子反抗的主要原因。心理断乳期，危机感。进入中学后，长大成人的责任感，力争独立人格的地位。人格伸展受阻时就会反抗。

反抗期的出现是孩子心理发展的正常现象，从某种意义上说，也是发展的必然途径。

第**33**课
用沟通拉近距离

| 家教故事 |

美国知名主持人林克莱特一天访问一名小朋友，问他说："你长大后想要当什么呀？"小朋友天真地回答："嗯……我要当飞机的驾驶员！"林克莱特接着问："如果有一天，你的飞机飞到太平洋上空所有引擎都熄火了，你会怎么办？"小朋友想了想："我会先告诉坐在飞机上的人绑好安全带，然后我挂上我的降落伞跳出去。"当在现场的观众笑得东倒西歪时，林克莱特继续注视着这孩子，想看他是不是自作聪明的家伙。没想到，接着孩子的两行热泪夺眶而出，这才使得林克莱特发觉这孩子的悲悯之情远非笔墨所能形容。于是林克莱特问他说："为什么要这么做？"小孩的答案透露出一个孩子真挚的想法："我要去拿燃料，我还要回来！"

所谓"听的艺术"就是：1. 听话不要听一半；2. 不要把自己的意思，投射到别人所说的话上头。对待孩子更是如此，你要先学会倾听，再去沟通。

亲子放大镜

孩子：妈妈，我累了。

妈妈：你刚睡过午觉，不可能累。

孩子：（大声）我就是累了！

妈妈：你不累，就是有点爱犯困，赶快换衣服吧！

孩子：（哭闹）不，我累了！

孩子：妈妈，这儿好热。

妈妈：这儿冷，穿上毛衣。

孩子：不，我热。

妈妈：我说过了，穿上毛衣！

孩子：不，我热。

孩子：这个电视节目真无聊。

妈妈：不会吧，多有意思啊。

孩子：这个节目真傻。

妈妈：不对，这多有教育意义。

孩子：这个节目真烂！

妈妈：不许你这么说话！

≈ **妈妈提问** ≈

我也想和孩子好好说话，可为什么我们的对话每次都会变成争吵？问题到底出在哪里？

≈ **海马爸爸说** ≈

我们的父母常常不认同孩子的感受，经常是孩子一开口，家长就急着去否定，这样沟通的结果当然是不欢而散。如果我们能倾听孩子，与他产生共鸣，那么也能有助于孩子自己解决问题。但是，我们不是天生就会说产生共鸣的语言的，因为它不属于我们"母语"的一部分。我们大部分人在自己的成长过程中，都有感受被否定的经历。为了能流利地说出这种接纳他人的"新语言"，我们需要不断地学习和操练。

海马大课堂

家长们经常抱怨："孩子长大了话越来越少！"家长认为孩子口头语言的多少往往表示着他们愿意沟通的程度，他们在咨询中常常还陶醉于孩子幼年时滔滔不绝讲话的回忆中，一旦回到现实他们就会唉声叹气，孩子不愿意讲话似乎成为了沟通的一个缺口。其实，沟通仅仅就是指讲话这么简单吗？

沟通实际上包括语言沟通和非语言沟通，语言沟通是包括口头和书面语言沟通，非语言沟通包括声音语气（比如音乐）、肢体动作（比如表情、手势、舞蹈、武术、体育运动等）。最有效的沟通是语言沟通和非语言沟通的结合。可以这么说，孩子与家长的沟通时时存在，可是很多家长在捕捉沟通过程中信息的能力和表达自我情绪的能力却非常弱，他们往往误以为只有孩子亲口说的才是他们的需要，而忽视了对孩子神情、动作以及孩子在生活中的一些表现的观察和分析。

比如说一位母亲曾经向我诉说：孩子在考试后一直回避家长，面对家长对成绩的质问也采取默不作声的态度，家长就学习一事苦口婆心地教育却无济于事。那么我首先询问家长是否了解孩子考试后的情绪，是否关注过他的情绪以后再采取相应的对策。家长的回答是，他什么都没有说。"什么都没有说"其实是孩子的一种情绪反应，这种表现说明孩子的心情有可能很矛盾、很压抑，他也许正为自己的成绩感到内疚而痛苦，这个时候家长不问原因地一顿指责，只会让孩子的情绪更加低落。而如果家长能够通过眼神、动作传递一个安慰的信息，如一个温暖的拥抱、一个信任的眼神，孩子就一定能感受到家长此刻的态度，也许孩子就会愿意在家长面前进一步表露自己的情绪而不是选择对家长关闭心灵的大门。

在沟通中，**听比说更重要**，很多家长就是没有做好"听"这个工作才使亲子沟通无法继续。你是否记得还有这样的画面：家长之间在交流，孩子在一旁迫不及待地想要表达但是却插不进嘴，然后孩子走到我们中间，问爸妈"你为什么不听我说呢"。

我们大人常说：小孩不要插嘴，或者是大人的事情小孩子不懂。但事实呢，如今的小孩子见多识广，对很多事情有自己独到的见解，他们有自己的思想，渴望表达自己的意见。但是家长往往认为孩子的

意见幼稚或者很武断地认为孩子不对就加以否定了，实际上孩子的意见没有充分得到表达，一方面遏制了孩子的思想，另一方面从不被允许表达这个情况来说孩子无形中感受到了家长对他的不尊重、不认同，久而久之，当孩子长大了，家长对孩子的想法已经缺乏把握，希望孩子主动表达的时候，孩子也不愿意说了。

　　再说说沟通内容，**你是否只关心孩子的成绩？** 有位母亲说："我知道与孩子沟通的重要性，也经常会找机会与他交流，可是我只要一问他学习的事情，他就嫌我烦。"大多数孩子不愿意与家长沟通的第一个原因就是家长总是只对自己关注的内容感兴趣，根本不愿意听孩子

讲其他的内容，而家长关注的内容永远都只有成绩和分数，这让大部分孩子不胜其烦。

沟通的目的是增加信息量，而家长在孩子看来似乎永远只对他身上有限的信息感兴趣，很多孩子开玩笑地声称家长爱分数胜过自己。这就导致了亲子双方对沟通的不同理解，孩子本来认为沟通应该是什么事情都可以说，而家长却并不需要，这就造成了矛盾，孩子想说的家长没耐心听，家长想知道的孩子不想说，最后以不欢而散的争执收场。

沟通不是一次就能取得效果，沟通从本质上讲取决于彼此之间的关系、彼此之间的情感，而关系和情感的培养不是一蹴而就的。

对于来咨询的家长，我常常会问他们：如何评价孩子的个性、孩子从小发展的轨迹、孩子喜欢什么等，大部分家长都回答不出来。冰冻三尺非一日之寒，其实家长在发现孩子出现某个问题苗头的时候就应该采取相应的措施，这个时候的沟通是能够起到一定的效果的，如果等到问题已经发展得非常严重的时候才想起沟通，那么十有八九这样的沟通是无效的。因为已经不具备与孩子你沟通的基础，即没有良好的亲子关系了，此时你想**凭借一次沟通就奏效几乎是不可能的**。

教育最直接的方法就是面对面地交流、聊天，家长要想和孩子有效沟通，得先和孩子做朋友，真正体会孩子的感受，诱导他慢慢地向你敞开心扉。

第34课
陪伴不仅是花时间

| 家教故事 |

"我的爸爸是一名外科医生，外科医生很少有休息的时候，经常要加班。每天回家都是无精打采的样子，妈妈很不高兴。爸爸很爱睡懒觉，叫也叫不醒，一上班又精神抖擞了。我不喜欢这样，我希望爸爸不要睡懒觉，不要经常去加班，我希望他和我们一起的时候要开心还要有精神，要多陪陪我们，这样我就开心极了。但是爸爸好像并不明白我们的心思。还是每天早出晚归，一个电话就又被叫走了，休息天就想着一直睡懒觉，连狗都讨厌他。我要怎样才能让他明白，他是我的爸爸而不是那些病人的爸爸。"

这是一篇外科医生儿子写的作文，8岁的小男孩字里行间满腹委屈，称爸爸早出晚归，一句"连狗都讨厌他"，让网友们笑着哭，直呼"戳中泪点"。

亲子放大镜

一份调查报告显示，现代白领们每天陪伴孩子的时间不足 1.05 小时，近六成的人不同程度错过了孩子成长的关键时刻，75% 的年轻父亲因工作等原因错过了孩子的第一次说话。该调查报告警示，和家人在一起的时间渐成中国家庭的一种稀缺资源，尤其是白领阶层，已然被贴上了"失陪族"的标签。

在城市里，有这样一些年轻父母，因为忙于自己的事业，将孩子交给爷爷奶奶或外公外婆照顾，或把孩子全托，只有等到周末才把孩子接回家，一起生活几天，培养亲情，于是他们就有了"周末父母"的称号。一年 12 个月，忽略寒暑假 (其实这两个假期，孩子与父母待在一起的时间是和平常差不多的)，每个月按 4 周计算，这样粗略算下来，**一年中父母和孩子一起度过的时间竟然不到 1/3。**

在农村，为了生存，追求更好的生活，

名人堂

孩子最喜欢爱他的人，也只有爱才能培养他，当孩子看到并感觉到父母对自己的爱的时候，他会努力听话，不惹父母生气。

——捷尔任斯基

如果有人问我，照顾孩子最需要哪一样资格，我该说就是耐性。

——福隆

陪伴孩子成长，就是重回生命最初的快乐时光，是一件多么值得我们感恩的事情啊！

——果农

人们离开家乡到外地打工；"留守儿童"大量涌现。数据显示，中国"留守儿童"超 5800 万，其中 57.2% 是父母一方外出，42.8% 是父母同时外出。留守儿童中的 79.7% 由爷爷、奶奶或外公、外婆抚养，13% 的孩子被托付给亲戚、朋友，更让人揪心的是，还有 7.3% 的"留守儿童"不确定监护人或无人监护！

"失陪族""周末父母""留守儿童"，这些社会现象的出现是迫于生活的无奈，还是父母的失职？孩子对亲情陪伴的渴求该何去何从，请家长们暂时停下手中忙碌的工作冷静地想一想，什么对你来说才是最重要的，怎样兼顾事业和家庭？如何平衡孩子的物质和精神需求？

海马大课堂

当家长被问及是否会陪伴孩子时，他们往往会不屑地反问："这是什么话？我们天天在家陪孩子！"

家长们说得没错，他们确实天天与孩子在一起。比如：

爸爸一边看电视，一边陪着儿子做家庭作业；

妈妈陪孩子去买书，到了书店，自顾自地去翻看时尚杂志，只是偶尔看看孩子在书店的哪个角落，然后为孩子匆匆买几本书走人；

奶奶一边织着毛衣，一边监视着孙女练琴，女孩稍微停下一会儿便大喊："怎么又想偷懒了？"……

以上这些现象相信在家长们中间很普遍，他们统称这种行为是

"陪伴"。但是,很不幸的是,我要告诉家长们这种陪伴是无效的陪伴,不仅没有起到帮助孩子的作用,反而让孩子养成了做任何事情都要有人督促的依赖习惯,从而失去了独立性。那么怎么做才是有效的陪伴呢?

首先,父母要保证基本陪伴时间。美国皮尤研究中心的统计数据显示,家长陪伴孩子的有效时间"及格线"为每周 21.2 小时。**0~6岁是孩子成长的关键期,亲子陪伴尤其重要。**做游戏也好、谈话也好,电话里也好、视频中也罢,总之一定要留时间给孩子,这段时间属于你和孩子。

物质满足不等于陪伴,物质满足可让父母自己内心平衡,却无法填补孩子内心缺少爱的虚空;妈妈单独的守护不等于陪伴,妈妈只能给予孩子母性的爱,而自信、力量、与世界的关系和联结,这些是需要爸爸的引导和示范的,父亲怎能缺席?忙永远只是借口,人们总是把时间用于自己认为最有价值的事上,但请你记得:陪伴孩子就是最有价值的事情!

第二,有的父母,人虽然在孩子身边,心却不在。**"伴"的解释是成为他人的一半,思想、行为、精神倾情融入。**和孩子快乐互动,坐下来和孩子一起搭积木;摊开纸和孩子一起画画;蹲下来和孩子一起玩过家家;和孩子一起看他最喜爱的动画片,一起笑得人仰马翻;和他快乐地谈话,用"真情、真心、真爱"陪伴孩子快乐成长,每一件在你看来微不足道的小事,都会在他的生命中刻下难以磨灭的痕迹。

　　第三，有效陪伴应以孩子的需求为导向。不少家长喜欢设想孩子的未来，希望孩子长大后能够在某个领域做出成绩，但事实上，如果你期望孩子成为某人，就等于扼杀了孩子比某人优秀一百倍的可能性。"只陪伴，不设限"，以孩子的兴趣和爱好为出发点，玩什么和怎么玩都让孩子选择，策划活动，包括去哪里、看什么、吃什么等。父母只需要给予孩子鼓励、建议和必要的支持。

　　第四，有效陪伴是给予孩子理解和爱。当孩子面对挫折、冲突，面对个人权利的捍卫时、面对失去和痛苦时，父母要做的不是指责孩子，而是坚定地站在孩子一边，告诉他我懂你，即使你在世人眼里多么差、多么失败，我们依然爱你，有我在你是安全的，你是被爱的。给孩子具体的指导和帮助，帮孩子渡过难关时，陪他跑，但不抱起他跑；孩子做选择时，帮他分析可能的后果，并尊重他的选择，引导他学会思考和判断。

图书在版编目（CIP）数据

培养孩子成为精英的 34 堂必修课 / 海马爸爸任二林著 . —北京：
中国铁道出版社，2018.1
（海马爸爸金典教育）
ISBN 978-7-113-23107-1

Ⅰ.①培…　Ⅱ.①海…　Ⅲ.①家庭教育　Ⅳ.① G78

中国版本图书馆 CIP 数据核字（2017）第 109885 号

书　　名：培养孩子成为精英的 34 堂必修课
作　　者：海马爸爸任二林　著

策划编辑：聂浩智
责任编辑：孟智纯
版式设计：左小文
责任印制：赵星辰

出版发行：中国铁道出版社（100054，北京市西城区右安门西街 8 号）
印　　刷：北京鑫正大印刷有限公司
版　　次：2018 年 1 月第 1 版　2018 年 1 月第 1 次印刷
开　　本：880mm×1230mm　1/32　印张：7　字数：200 千
书　　号：ISBN 978-7-113-23107-1
定　　价：36.00 元